自分らしく生きるための「わたし」の決断

MY DECISION

TO LIVE LIKE MYSELF

赤塚美幸　飯田さおり　稲葉みゆき　岡田敦子　金子菊子　北村晴夏
木村かおり　後藤美知子　齋藤祐子　佐藤智子　識名由美　鈴木夏香　西久保志帆
橋田佳澄　橋本愛子　馬場己喜　若林亜美　渡部由紀子

Rashisa

自分らしく生きるための
「わたし」の決断

すべては「決断」から始まる　―はじめに―

たくさんある書籍の中から、本書を手に取ってくださり、ありがとうございます。

本書を手に取られているということは、もしかしたら、あなたは今こんな状況かもしれません。

「やりたいことがあるのに、なかなか一歩踏み出せない」
「自分らしく生きたいけれど、周りの目をついつい気にしてしまう」
「自分のことを後回しにして、自分以外の人を優先してしまっている」

テレビやネットニュースを見ると、毎日ネガティブな情報がとめどなく私たちの中に流れ込んできます。ネガティブな情報ばかり見ていると、未来に対してワクワクしたり、希望を持つことさえできなくなってしまいます。

そんな状況の中で、新しいことに挑戦したり、一歩踏み出すことに対して不安を感じることは当然だと思います。

とはいえ、このまま何もせずにこれまでと同じ人生を歩んでいても不安がますます大きくなっていくことは、あなた自身も気づいているはずです。

でも、どのように一歩踏み出せばいいのか？　何から始めればいいのか？　がわからないと思うのですが、それは一歩先に歩まれている方の物語を聞くと、ヒントは見つかります。

本書では自分らしく自由に生きる18人の女性起業家が、人生を変える決断をして一歩踏み出したストーリーを赤裸々に綴ってくださっています。18人の一人ひとりの「決断」を垣間見ることで、あなたが今すべきことがきっと見えてくるはずです。

もし、次の項目に一つでも当てはまるなら、本書を読み進めて頂ければと思います。

◇やりたいことはあるけれど、なかなか一歩踏み出せない
◇自分らしく生きたいけれど、どのようにすればいいかわからない
◇起業したいけれど、何から始めていいかわからない

本書を最後まで読み進めていただくと、あなたも最初の一歩を踏み出したくなるはずです。人の物語にはそれくらいの力が備わっています。

では、前置きはこれくらいにして、一緒に18人のストーリーを見にいきましょう。きっと読み終えた瞬間に、ワクワクしている新しい自分と出会えるはずです。

Ｒａｓｈｉｓａ（ラシサ）出版編集部

Contents

自分らしく生きるための「わたし」の決断

ＴＶ番組をきっかけに
ハンモックヨガスタジオを３店舗経営！
コロナ禍を乗り越える上で大切にしていた考え方

Studio COCOONPAO 代表
ハンモックヨガスタジオ経営／カイロプラクティック施術院経営

飯田さおり

〝お知らせ〟を受け入れたことで実現した
スピリチュアル起業！
３人の子育てとビジネスのバランスの取り方

Mary13 代表
女神のスピリチュアルナビゲーター／エステサロン運営

稲葉みゆき

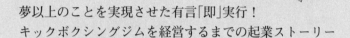

オーストラリア駐在中にオンライン起業！
子育てしながら
好きなことを仕事にするまでの道のり

合同会社SUNNY SUMMER 代表
水着海外ブランド正規代理店／スキンケアブランド運営

北村晴夏

世界中どこに住んでいても自分らしく生きる …… 98
ピンチはやりたいことに気づけるチャンス …… 101
仕事と子育て …… 104
運を動かす「運動」 …… 107

17年間勤めた高校教師を退職し、
インターナショナルプリスクールを
設立するまでの軌跡

一般社団法人LAUGH&LEARN
インターナショナルプリスクール運営

木村かおり

あなたの夢は？ …… 114
夢を追いかけ、思いがけない形で実現へ …… 118
スクール開校と東日本大震災 …… 121
子どもたちのためにこれから私ができること …… 124

普通の主婦が難病を乗り越え47歳で起業！
人気保育園ができあがるまでの開園物語

NPO法人ストロベリーフィールド 代表理事
保育園・児童発達支援運営

佐藤智子

数々の困難を乗り越えたことで気づいた
本当の豊かさを手に入れるための考え方

株式会社ＡＳファクトリー 代表取締役
エステサロン運営

識名由美

求められることを仕事にしたことで誕生した「小さなサロン実践講座」最短でビジネスを軌道に乗せる方法

リンクアンドサポート株式会社 代表取締役
美容コンサルティング

鈴木夏香

各分野で突き抜けたレベルのセラピストが在籍する地域密着型の人気リラクゼーションサロン誕生秘話

QueenSpace株式会社 代表取締役
リラクゼーションサロン運営／会員制ＢＡＲ運営

西久保志帆

冠婚葬祭業から転身し
人気スピリチュアルカウンセラー・占師に
上り詰めるまでの物語と新たなる挑戦

株式会社珠清 代表取締役
SpiritualHealingSALON 鑑定士 珠清

橋田佳澄

インドの伝統的なヨガと出逢ったことで気づいた
人生を自分らしく自由に生きるヒント

Kiranah 代表
飲食店経営／ヨガ講師

橋本愛子

周りからのアドバイスで決断した起業！
今までの「経験」を仕事に変えた
人事コンサルティング事業

株式会社Twinkle 代表取締役
人事コンサルティング

馬場己喜

チャンスがあれば躊躇せず飛び込む！
出産と起業どちらも諦めずに
突き進んだ創業ストーリー

株式会社アミーゴ 代表取締役
カフェ＆ワーキングスペース事業

若林亜美

日本語スクールを20年以上経営して気づいた
理想の未来をつくる上で大切な２つのこと

Coto World株式会社 代表取締役
日本語スクール運営

渡部由紀子

趣味だったオンラインショッピングが仕事に！資金なし・人脈なし・知識なしからスタートしたフリマアプリ起業法

株式会社ＡＫＡ 代表取締役
小売業
赤塚美幸

三重県出身。二児の母。社会人経験を経て看護専門学校入学。卒業時、想像できる未来に絶望しワーキングホリデーでカナダへ。帰国後、第三次救急病院勤務。結婚を機に専業主婦になりメルカリで不用品処分したところ家の中が空になる程売れる。物販の面白さに魅了され仕入れ販売開始。確定申告初年度から3000万円の売上。年々増益が見られたため2021年法人設立。現在年商7400万円ほど。

1日のスケジュール

- 7:00 起床 アプリ・SNSチェック
- 8:00 赤ちゃんのお風呂・夕食準備炊事・洗濯
- 9:30 園バス送り出し
- 10:00 掃除・買い物
- 12:00 出品作業
- 16:00 園バスお迎え・子どもとおやつ・公園へお出かけ
- 19:00 商品梱包発送
- 21:30 寝かしつけ
- 22:00 商品買い付け
- 23:00 SNSチェック
- 24:00 就寝

ポンコツナース時代と息抜きのオンラインショッピング

あなたは普段、どのような場所で買い物をされていますか？　スーパー・モール・百貨店・カタログ通販・オンラインショッピング……たくさんの選択肢が世の中に溢れていますよね。私は子どものころから「家の中でお買い物」をすることがとても好きでした。

そのころインターネットは家になく、ニッセンやベルメゾンなどのカタログを見て注文することが一般的。当時、女子の間で手紙交換が流行っていたため、お小遣いを貯めてはお手紙セットや文具などを購入していました。カタログの中には、キラキラとした可愛いアイテムがずらり。田舎だったため、生活圏内にお店がなかった当時の私は、カタログを見ることが密かな楽しみでした。通販の最も楽しい時間は、注文した商品が届くまでの間。「いつ届くのかな？　どうやって使おう？」などと想像する時間が楽しいのです。

看護師として働き出したときもそのスタイルは変わりませんでした。そのころにはカタログからネットに変わり、スマホがあればいつでも購入できるため、時間を見つけてはサイトを見ることが日課になっていたのです。私は、根は飽き性で目標を決めても長続きしないタイプなのですが、通販ショッピングは唯一、物心ついたときから続いている趣味だといえます。様々なサイトを比較したり目新しい商品を見つけたりすることは、子どもがゲームに夢中になる感覚と似ていて、どんなに時間を要しても苦にならないのです。

人から「そんなに買ってお金がもったいない」と言われることもありますが、選び抜かれたアイテムたちは会社やデザイナーの想いが詰まっており、世の中に向けた熱いメッセージがそこにあるんです。そんな素晴らしいアイテムたちから溢れ出るエネルギーは、日々を生きる活力になるため、「もったいない」という考えは、私にはありません。また物を買うことは、作り手の思いに賛同することに似ています。セリーヌのクリエイティブディレクターを務めたフィービー・ファイロという女性がデザインした洋服を、あるとき魅力的に感じることが多くなりました。彼女はシンプルを美徳としたデザイナーです。そのときは色々あり、着飾ることに疲れていた時期でした。つまり、知らず知らずのうちに彼女の思いに賛同したことになります。

看護師時代の私は、いわゆるポンコツ。同期の新人看護師は合計5人で、一番年上だったのですが、一番仕事の飲み込みが遅く、失敗続き。新人看護師はやらなくてはいけないことが膨大。睡眠時間を削り精神をすり減らしながら日々過ごしていました。患者さんの「安全・安楽」を優先するため、先輩たちのチェックが厳しくなるのは当然。また患者さんから見れば、1年目でもベテランでも「看護師」のため、プロとしての自覚を持った対応が必要です。

自分なりに精一杯頑張っていたつもりでしたが、同期の中で独り立ち（先輩のフォローが外れる）が一番ゆっくりでした。何をしても飲み込みが遅く自分でも信じられないようなミスを繰り返し、なぜポンコツだったかと考えるなら人の指示がうまく聞けないことだと考えています。指示されたことを判断し、的確にこなさなければいけませんが、言われたことをただこなすだけの生活に、日々疑問を感じていたのです。

月日が経つごとに「こうしなければいけない」という指示ばかりの生活が息苦しくなっていきました。今思えば、自分自身もそのような考え方に囚われていたように思います。「大人だから就職しなければいけない」「適齢期だから結婚しなくてはいけない」誰に言われたわけでもないのに、自分で決めたルールや固定観念に縛られていたのでしょう。

そのころ、先輩から「自分の素をどこまで出せるかだよ」と言われたのですが、「すっぴんになれるのは自信がある美人だけ。私にはできない」と、思っていたのです。

●お金を使うことは投資的意味を含んでいる。無意味に節約することは未来への投資の妨げになる可能性があることを忘れてはいけない。種は撒かねば一生咲かないから。

●固定観念に囚われることは息苦しいだけでなく、自ら自分の可能性を閉ざしていることに他ならない。

●人の指示が聞けず疑問がある人は個性の芽が出ている証拠。

看護師から孤独を感じる専業主婦へ

疑問を持ちつつ悩みながら続けた看護師生活は結婚を機に辞め、新しい環境で心機一転仕事を探そうとしました。しかし、新婚が仕事を探すのは困難。しばらくするうちに第一子に恵まれたため、専業主婦としてしばらく過ごすことになったのです。

子どもが生まれると、世界は一変しました。「孤独」です。子どもは可愛いし人生の幸せなステージに立っていることを頭では理解していましたが、同世代のOL風女性が慌ただしく出勤していくその光景が、私にはキラキラと輝いて映ったのです。

赤ちゃんにとって、また夫にとって、私はかけがえのない存在であると思います。しかし、とてつもない空虚感がありました。ある日、幼稚園や小学校の行事ごとに着るフォーマル用の衣類を探していたときのことです。Fというブランドが気になりました。20代から30代のママ向けで、一着数万円から展開しているブランドですが、百貨店でしか販売していません。小さな子どもを連れて百貨店へ出向くのは、なかなかエネルギーがいることで、試着してみたいのに足が運べないというもどかしい想いをしていました。

そんなとき、たまたま開催していた楽天セールでブランドFの素敵な未使用ワンピースを見つけたのです。売値は送料込みで2万円。丈感やサイズなど丁度よく、中古と記載があるものの下げ札がついたまま販売されていました。試着なしの通販買いに慣れていたこともあり、抵抗なく購入。届いてみると、新品のように綺麗！　しかし、そのとき子どもはまだ0歳ですぐに着る機会がないため、誰かに譲ろうかと考えました。

そんなときに友人から「最近フリマアプリが流行っている」ということを聞き、アプリを幾つかを紹介してもらいました。通販はＢｔｏＣ（Business to customer）が主流ですが、ＣｔｏＣ（customer to customer）のスタイルが一般的になってきたのは、このようなアプリの影響が大きいでしょう。早速、アプリに登録し、アイテムを閲覧すると、たくさんの出品物に溢れています。早速、メルカリでＦのワンピースを出品してみることにしました。ワンピースの下げ札には7万8千円と記載があったため、３万円で売りに出してみることに。すると、偶然ではありますが、出品して半日経たないうちに売れたのです！販売価格３万円－原価２万円－手数料３千円（10％）－送料７００円＝利益６３００円。販売利益が出たこと自体も嬉しいのですが「自分が選んだものを人が購入してくれた！」ということに新たな喜びを感じました。さらに、商品が購入者に届くと「丁寧な梱包で迅速に届けてくださり嬉しかったです。綺麗なお品物をお値打ちに譲っていただきありがとうございました！」というメッセージ。孤独を感じていた生活から、社会に繋がりが持てた瞬間でした。

よく言われる表現かもしれませんが、暗闇に一筋の光が見えたような、まさにそんな感覚。人に「ありがとう」と言ってもらえたことが身に染みて嬉しかったのです。

それからはもう取引・やり取りが楽しい毎日で、家の中の不用品を処分し切るころには、フリマアプリに依存するようになりました。好きなことをしてご縁をいただき、利益まで出せることに魅力を感じていたのです。取引中のコミュニケーションに安堵するほど、人との関わりに飢えており、オンライン上が自分を表現できる場所へと変化していきました。ネットショップをしようと考えて始めたわけではありませんが、気がつくと売上3000万円を突破するまでになっていたのです。

●ひとりになることでプレッシャーから逃れ、自主性、創造性が高まり、ひとつのことにエネルギーを注ぐことができた。
●できないことよりもできることに焦点を当てる。
●頭で考えるよりも、自分のインスピレーションを大事にして。そのインスピレーションは自身の経験から導き出されているものなのだから。
●日常生活の中にヒントやアイデアが転がっている。

好きに勝る成長材料は見当たらない

小売業を始めてから6年が経ちました。元々販売ノウハウはありません。経験なし・資金なし・人脈なし・学歴なし・知識なし。そこにあったのは育児の合間の少しの時間とスマホのみ。あとは、単に「好き」ということだけです。

今までは生活のためにお金を稼いできましたが、そこには雑念が入ります。極端ですが、成功体験が「儲けが出たか出ないか」の判断のみになってしまい、豊かな気持ちで仕事ができません。人間が仕事を継続し、良いものをつくり続けていく上で、最も重要なことはその部分ではないと気づかされました。目先の利益を意識すると、要らないところに力が入り、結局空回りしてしまうのです。

昔、「マネーの虎」というテレビ番組がありました。虎と呼ばれる起業家たちが志願者に対しプレゼンの時間を設け、出資の可否を決定するという番組です。あるとき、利益を度外視し「世界一、お客様のことを考えるレストランをつくります」という志願者が現れました。しかし、虎たちは「利益が生まれないビジネスなんて」と否定的。その志願者はその後、なんとかレストランを開店させ、その後10年ほど、店舗展開しながら繁盛店となったようです。一方、利益重視の虎たちの事業はことごとく廃業。値段は売り手が決めますが、利益はお客様が満足してくれた分、後からついて回ってくるものなのでしょう。

実際に、私は販売し始めたころから、利益を考えていたわけではありません。ワンピース一枚は幸運にも利益が出たものの、全てがそうではありませんでした。息子が着てくれなかった洋服を３００円で販売したときも「使ってくれる人が見つかってよかった」と喜んだ覚えがあります。元々販売を仕事にする気もなければ、会社にしようとは全く考えておらず、気づいたら形になって辿り着いたのが今のスタイルです。

人は、ほとんどのことは努力で賄えることが多いと思っています。例えば、１つのことを始めて10回までが練習、１００回こなせれば１人前、１０００回こなすことができれば達人級だったとします。なかなか同じことを続けるのは単調で、予定外のことも起こるため、ほとんどの人が１０００回までは達成せず、途中で諦めたり他のことに変えたりしてしまうのです。向いていなくても不器用でも、繰り返せば達成できるケースは多く存在すると思います。「好きなことをする」というのは、無意識に１つのことに没頭できるので、飽き性でも達人級まで辿り着ける可能性が高くなります。

私は、販売方法を誰かに教わったわけでもなく、自分ならどのようにしてほしいかを考え、素敵なページを見様見真似でつくり、販売をしていました。仕入れ↓検品↓出品↓梱包↓配送手続き↓評価という流れなのですが、毎日ずっとひとりで仕事をしているので何が良いのか悪いのかよくわからないまま過ごします。のめり込んでいるときはいいのですが、商品が売れなくなったり、売れていても時間がなく家事含め、やらなければいけないことに追われていたりするときは「何のために、こんなことやっているんだろう」と、時々ですが定期的にそんなことを思う瞬間はやってきます。

少し疲弊していたころ、コロナウイルス感染症が流行しました。気軽に外出ができず、友達はもちろん、実家の両親にも会えない日々が続きます。さらに夫の都合で引っ越しが決まり、見知らぬ土地へ引っ越すことに。知らない人や知らない街並み・・人と話すことがない時間が続きます。唯一世間と繋がっているのは、フリマアプリのみ。もはや生きがいのひとつでした。コロナ禍で家にいるためフリマアプリを始める人が増え、世間とは相反してスマホの中の世界は賑わっているように見えました。購入者さんからも「楽しみが少ない中、ページを見ているだけで買い物に来ているような気分になれ、気分転換できます」といった声が増え、需要が高まっていることを感じていました。

何とか自分自身のやり方を見つけて、フォロワーさんと顧客さんが増えてくれたな、と感じていたときのことです。私と同じようなアイテム・出品の仕方を酷似する出品者が現れたのです。これまで他の方を気にすることはなかったのですが、あまりにもコンセプトが似ていたため、顧客がそちらへ流れていかないか、焦りました。同じようなやり方なのですが、あちらの方が魅力的な打ち出し方をしていたのです。

そこで、仕入れから販売方法まで見直し、今まで少し高めに出品していましたが、値段を抑え、数量をこなすことに。あとは、顧客をさらに大事にしていくように心掛けました。アプリ内で会話を増やしたりお手紙を書いて商品と一緒にお届けさせていただいたり、人と人の繋がりを大事にするようにしたのです。アプリ内はコミュニケーションが取りやすく、販売する側も楽しい時間が増えました。

そんなこんなで、気がつくと確定申告3回目には前年の売上40％アップ。結果は後からついてくると言いますが、まさにその通りだと思った出来事でした。

●経験がなくてもコンテンツを細かく絞ることでプロフェッショナルになれる。
●ライバルの出現は自分を見直すチャンス。
●欲しがるばかりでは、道は拓けてこない。自分から与えることに専念・尽力してみる。
●その時代に合った方法を考察してみる。
●押してダメなら引く。引いてダメなら待つ。待ってダメなら一回忘れましょう。

自分を大切にして、信じてあげましょう

今、あなたはどのように過ごされていますか？　どんなお気持ちですか？　この本を手に取られたということは、何か変化が欲しいとお考えではないでしょうか。私が最もお伝えしたいことを書きます。それは、「やりたいと思ったのに、やらなかったことに勝る後悔はない」ということです。一度過ぎた時間は二度と戻ってこないし、人生は無限ではありません。私は、後悔したくありません。できることは全部やりきったと思いたい。今この瞬間が、残された時間が一番多いときなのです。

新しいことを始めるときは、勇気とエネルギーがいるもの。しかし、子どものころを振り返ってみてください。深く考えてから行動していましたか？　やりたいか、やりたくないかの二択ではありませんでしたか？　動機は、素直でシンプルなものでいいのです。

大人になると、様々なことが複雑に絡み合います。良いことを考えると同時に最悪のことまで考えてしまいますよね。団体職員だったころ、私もそのような考えで、うまくいかないときのことを考え、行動できずにいました。リスクを想定するのは大事なことかもしれませんが、もし失敗しても、その失敗を活かして次に成功すればいいと思います。そう

すれば、その失敗は成功への過程となります。

なぜ自分が成功しないのか？　成功の定義は人によって異なると思いますが、必ず成功する方法が1つだけあります。それは、成功するまで諦めないこと。続けることは容易ではありませんが、前章でも記載したように「好き」ということは継続する大きな要素となります。それは人にすぐ認められないようなことでもいいと思います。私が良い例で、若いころから買い物ばかりしていて「お金の無駄」と言われてきましたが、その投資があったから今があります。費用対効果で考えるならば、何十倍・何百倍にもなっているのです。何事もやるなら真剣に取り組む癖をつけましょう。今は好きなことを仕事にできる時代です。物事を極めれば、ニーズにつながる可能性がある面白い世の中なのです。

私が好きなことを形にできたのは、夫や家族の理解はもちろん、専業主婦となり自分と向き合う時間が増えたからだと思っています。職場の仲間や友達に囲まれているのは楽しいですが気を遣うことも多いし、社会生活には多大なエネルギーが必要でした。組織に属していると自由に判断実行できませんが、今はまず行動。失敗してもいいから即行動。気が済むまでやる、と行動パターンが変わりました。

このような行動をしていて会社設立をした、という話を聞くと、私のことをストイックだと思われるかもしれません。しかし、夫曰く「仕事をしているという感覚がない」と。

客観的に見ても主観的に見ても、趣味の延長線上です。

こちらでお話しさせていただいたことがすべての方に当てはまることではないと思っています。友達に勧められた化粧品が必ずしも自分に合うわけではないことと同じ。ですが、絶対に自分に合う方法はありますので、ぜひ色々なことに挑戦してみてください。

私は、販売を通して継続的に人の役に立っているという事実が自信に変わりました。小さいころは、美人や人気のある人に嫉妬していた私ですが、今は妬みのような感情は少なく、湧いてくるのは「すごい!」という憧れの感情です。無い物ねだりをしていた私に足りなかったものは自分へのリスペクトでした。自尊心を高めることは難しく思えますが、小さな成功体験を積み重ねて自分を褒めてあげましょう。また、人と比べることは無意味でいつまで経っても豊かな感情は湧いてきません。基準は自分に置いてください。向き合わなければいけないのは自分自身。まずご自身を大切にすることを怠ってはいけません。

●個性があることは唯一無二の存在であるということ。
●成功する方法は諦めないこと。
●自分をリスペクトし自尊心を高めることは他者を認める上で不可欠な要素である。
●失敗は成功へのステップ。行動しなかった後悔は一生の後悔。

あなたへのメッセージ

やりたいと思ったのに、
やらなかったことに勝る後悔はない。

赤塚美幸さんへの
お問合わせはコチラ

TV番組をきっかけに
ハンモックヨガスタジオを
3店舗経営!
コロナ禍を乗り越える上で
大切にしていた考え方

Studio COCOONPAO
代表
ハンモックヨガスタジオ経営
／カイロプラクティック施術院経営

飯田さおり

ハンモックヨガスタジオ3店舗経営／カイロプラクティック施術院院長。30代で女性専用30分フィットネス「カーブス」の加盟店社員として、新規出店から店舗運営までの必要な経験を積み、2012年に居酒屋「辻堂酒BARのまのま家」をオープン。5年目、経営を安定させたところで2017年に「Studio COCOONPAO」をオープン。現在は湘南エリアで3店舗に拡大。2021年よりスタジオにカイロプラクティック施術院を併設。

1日のスケジュール

7:00 起床・朝食

8:00 朝ドラ視聴・愛犬と遊ぶ

9:00 出勤準備・移動

10:00 スタジオまたは施術院へ

・レッスンまたは施術

・打合せ・面談

・技術練習

17:00 帰宅・夕食

18:00 愛犬と遊ぶ

19:00 事務作業または趣味の時間

23:00 就寝

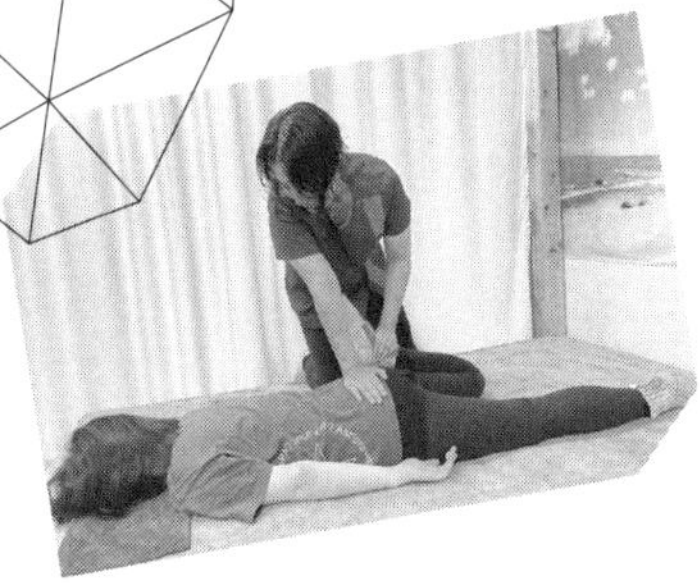

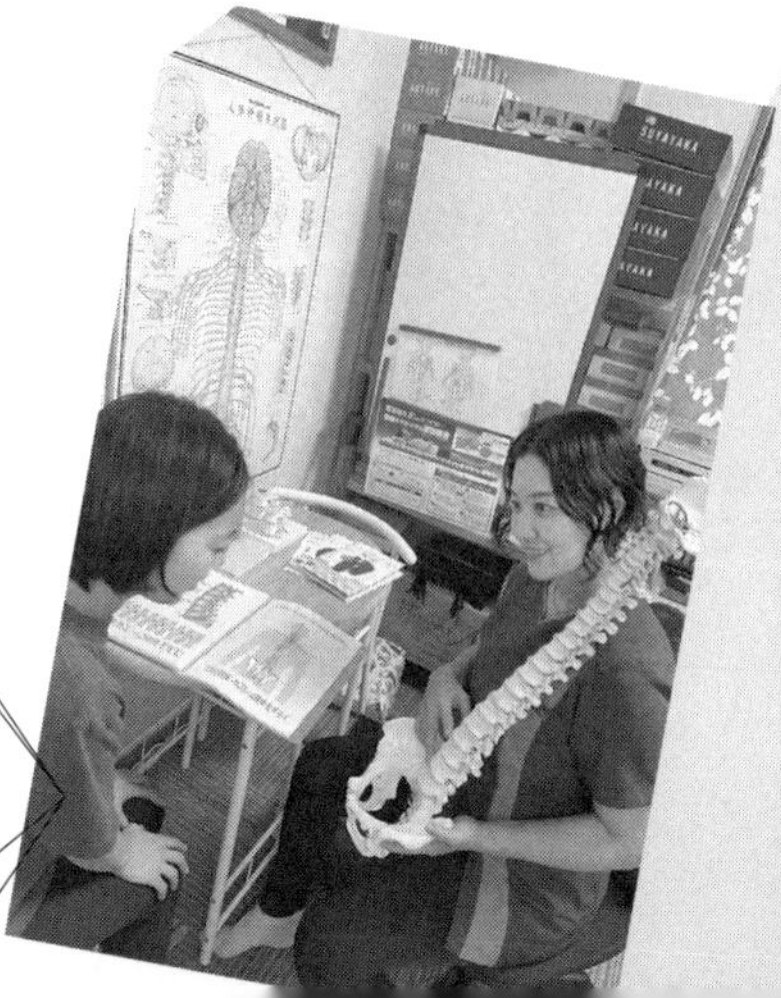

運動嫌いの肥満児がハンモックヨガの道へ

物心ついたころから、自分が太っていることは分かっていました。運動は大嫌い。学生時代の部活は合唱部に美術部というバリバリの文化部。そんな私が、ハンモックヨガのインストラクターになるなんて、誰も想像できなかったと思います。

最初のダイエットは高校1年生のとき、焼肉店でアルバイトを始めたことがきっかけでした。この時点で80kg目前、大台は超えるまいと決心し、電車通学から自転車通学に切り替え、毎日片道10㎞を自転車で往復。放課後17時〜21時まで焼肉店で働いていたのですが、16時ごろお店に着いたら、賄いをいただいてシフトイン。そこからは食べないという生活をしたところ、半年で25kgのダイエットに成功したのです。焼肉店で働いていたということも成功要因のひとつでした。自転車を漕いで、すぐにタンパク質（焼肉定食）をたくさん摂れるという、まさにダイエットには理想的な環境だったのです。

卒業後、就職してからは理想的な体形が一変。加齢も一因となり、20代の終わりを迎えるころには70kgオーバーで2度目のダイエットを決意。ネットでダイエット方法を検索していたところ、大手エステ店のコンテスト募集が目に留まり、すぐに応募しました。無事に選考通過してコンテストに参加することになったのです。

　太る原因や正しい食事の摂り方・減量に必要な運動・ダイエットと睡眠についての講義を受け、エステティックの技術を受けるだけでなく、自宅でも改善に取り組んだ結果、なんと3ヵ月で15kg減！　ファイナリストとして最終ステージに上がることができました。

「今度こそ、この身体を維持したい！」と考え、コンテスト終了後に身体を動かす仕事を探し、女性専用30分フィットネス「カーブス」のインストラクターに転職。当時、一気に全国展開し拡大していくカーブスチェーンの中で、店長、マネージャーとして店舗運営はもとより、新規開業や人材育成に至るまで経営に関するあらゆる経験を積みました。そして、その中で自分のお店を持ちたいと思うようになったのです。

　2012年、独立して居酒屋「辻堂酒ＢＡＲのまのま家」を開業しました。なぜ、居酒屋なのか？　と、思うでしょう。実は、就職してからもずっと副業として飲食店でアルバイトをしていました。経済的に困っていたわけではなく、純粋に飲食業が好きだったんです。

　実は私、お酒は飲めません。だから良かったのかもしれません。「お酒好き」な人が居酒屋を経営すると営業中に酔っ払いになるか、営業中は酔えないストレスを抱えることになるでしょう。お酒は飲めないけれど、飲み屋の雰囲気が好きだったので、毎日楽しく経営していました。

しかし、この仕事はダイエットには良くなかった。仕込み中から味見のために食べ、営業中にもご相伴で食べ、差し入れを食べ、お店を閉めてから付き合いのラーメンを食べる。昼夜逆転生活で睡眠の質も低下。徐々に身体が重くなっていく日々の中で、頭の片隅には常にダイエットがよぎっていたけれど、なかなか重い腰を上げられずにいたのです。

そんなある日、お昼のテレビ番組を見ていたときに衝撃が走りました。それは、デヴィ夫人がハンモックヨガを体験している映像です。見た瞬間、理屈とか理論とかではなく、直感としか言いようがない感覚で、「私、これ教えたい！」と、そう思ったのです。「やりたい」ではなく「教えたい」と！　２０１５年の年末、そのテレビを見た数日後の年明けに、気づけばホットヨガ教室の体験レッスンを申し込んでいました。

「そもそも教えるなら、人前に立てる身体にならないと！」と思い、３度目のダイエットを決意。当時はハンモックヨガスタジオが近くになく、ヨガを教えるならヨガで運動しようと思い、ヨガスタジオに通うことにしました。この選択が後にスタジオ運営に大きく影響することに。会員システムやレッスンの組み立て方・キャンペーンやイベントのやり方・店内掲示物など、当時はお客様目線で感じていたことが参考になったのです。

２０１６年１月から始まった第３次ダイエット。過去に学んだ知識と経験を総動員して、最終的に約1年で22kgの減量に成功しました。1カ月に2kgずつのペースで減量し、年内に目標達成の目処が立った8月、ハンモックヨガの協会本部に電話をかけたのです。

私「加盟店としてスタジオを開きたいのですが」

本部「レッスンはどちらかで受けられていますか？」

私「いいえ。一度も受けたことありません！」

本部「え！　一度受けて来てください」

そりゃそうですよね。未経験者がいきなりスタジオを開きたいなんて、本部の方も驚いたことでしょう。すぐに体験レッスンを申込みました。初めてのハンモックヨガのレッスンは衝撃でした。「ヨガじゃないじゃん！」と。

そう。ハンモックヨガとは通称で、正式名称は「Antigravity® Fitness & Yoga」。フィットネスの要素もたっぷりあるんです。名前とのギャップがあるため、私は体験に来られた方には「ハンモックヨガってどんなイメージをお持ちですか？」と、必ず聞いています。

実際のハンモックヨガスタジオでレッスンを受け、テレビの中のデヴィ夫人が体験している2次元映像が3次元のリアルなイメージとして広がった体験翌日、加盟店説明会を受けたのちに、9月のライセンス取得の申込みをしました。

そこから約半年かけて、居酒屋を営業しながらレッスンに通い、練習を重ねます。ライセンス取得後は、本部から紹介してもらったフィットネスクラブでレッスンを担当させていただきながら、スタジオの開業準備を進めていったのです。

スタジオ開業のためには物件を確保する必要があります。まだハンモックに乗ったこともなかった8月に「これだ！」という物件があったのですが、まだ契約できる段階ではなく、そうこうしている間に他の方の契約が決まったと連絡がありました。未練を残しつつ、「良い物件が出たらスタジオを始めよう」と探していたとき、その物件が再度募集になっているではないですか！　そのときは年末でしたが、ギリギリ営業していた不動産屋さんに連絡。大急ぎで公庫の借入申請書類を準備し、2017年元旦に投函したのです。

そして、1月4日仕事始めの日に公庫から連絡があり、翌週に面談、さらにその翌週に融資額が決定し、1月下旬に物件契約。2月〜3月で改装準備をし、2017年4月に「Studio　COCOONPAO」辻堂スタジオを無事オープンすることができました。

さらに翌年2018年4月に平塚代官町スタジオ、翌2019年9月に茅ヶ崎駅前スタジオをオープンし、現在3店舗を運営しています。

●やりたいことは、できる理由を探す。

●やりたくないことは、できない理由を探す。

明暗を分けた、コロナ禍の一斉休業

ハンモックヨガとの衝撃の出逢いから、後付けするように「やる理由」を探していきました。当時はAntigravity®が日本に入ってまだ2年目くらいで、周囲の認知度も低く、「ハンモックヨガ？　ハンモックで寝ながらヨガするの？」と言われる時代。ホットヨガが全盛期で、次々とお店がオープンし、どこも満員御礼状態だったこともあり、一瞬「ホットヨガスタジオをやろうかな」と考えたくらいです。しかし、私が通っていたスタジオがある駅だけでもスポーツジムも含めるとホットヨガのレッスンを提供しているところは数件あり、すでに飽和状態。常温のヨガスタジオに至ってはその数倍はあるため、さらに難関です。ハンモックヨガというだけで、競合なしで戦えます。もちろん、のちに出てくるとは思いますが、やはり一番手の利というものがありました。

さらに重要なのは、継続です。最初は目新しさで「一度やってみよう」と思ってくれるでしょう。問題はそこから。いかに継続してもらえるか、がポイントです。そのあたりはカーブス時代に嫌というほど学んできました。

「足を運ぶメリット＝お家ではできないこと＝だからハンモックヨガ」ここで確信しまし

た。日本の住宅事情において、ハンモックを吊ることはできたとしても、そこでフィットネス要素を持たせるためには天井高が必要だったり広いスペースを取る必要があったりするため、容易ではありません。ハンモックヨガスタジオでは、ハンモックを用意できるスペースに加え、内装や音楽・照明にもこだわり非日常空間を演出することで、スタジオに来る価値を高めようと決めたのです。

2020年4月、緊急事態宣言とともに一斉休業。コロナ禍が明暗を分けました。当時は個人事業主だったので持続化給付金も上限100万円しかもらえず、3店舗分の経費は到底賄えません。しかし、コロナによって運動の重要性を再認識します。免疫力を落とさないためにも、絶対に運動習慣は途絶えさせてはいけない、そう確信しました。

しかし、ハンモックヨガのレッスンはスタジオに来ないとできません。平時には利点だったものが、弱点に変わりました。他のヨガはいち早くオンラインレッスンに切り替えていく中、焦りと葛藤で悩む日々が続きます。

そこで考えたことは、「自分ひとりで悩んでいても仕方がない。会員様にありのままを伝えて、どうしたいか聞いてみよう！」ということでした。そして、独自にクラウドファンディングを立ち上げたのです。

クラウドファンディングの内容はスタジオを維持するため、休業期間中の会費を返金ではなく、ステイさせていただけないか、というもの。そしてリターンとして

①運動習慣を継続するため、オンラインレッスンを受講

②スタジオ再開後、予約枠＋1パーソナルレッスンへの振替

を提案させていただきました。

70人以上で成立する内容です。すでに休会や退会の問い合わせが相次ぐ中、全会員に一斉配信しました。結果、一晩で90人以上の方が賛同！ なんと休会中の方も切替希望をいただき、最終的に目標数の倍である、１４０人の方が賛同してくださったのです。たくさんの暖かい応援メッセージもいただき、スタッフと涙を流しながら喜び合いました。

このときに、「もうＰＡＯは私がやりたいというだけじゃない。会員様やスタッフのために、私はこのスタジオをやらせていただいているんだ」と、強く思いました。

緊急事態宣言が明けてからも、しばらくは人数制限や時短レッスンなど条件付きでの営業再開だったため、人が集まるリアルレッスンにどれくらい来てくれるのかドキドキしていましたが、あっという間に予約満席。キャンセル待ち状態となり、慌ててレッスンを増枠することになりました。レッスンに来てくださった方からは、「家じゃできないから、やっと来られて嬉しい」というお声が。そうなんです！ ハンモックヨガは家では、でき

ないんです！　営業再開後、オンラインレッスンはスッパリやめました。世間はサブスクの録画レッスンが主流になっていましたが、あえてオンラインを続けようとは思いませんでした。だって、そこでは勝てないから。オンラインに特化した、オンライン向きのレッスンをしている人たちには勝てませんし、そもそも私たちが提供するレッスンの目的は、「自分では合っているか分からないところを先生に見てもらって、指導を受けて改善したい」という方々をサポートすること。オンラインではこちら側から見ることも、指導することも難しいのです。身体は立体、画面は平面ですから。

休業中にオンラインレッスンを実施したのは運動習慣を継続してもらうためでした。そのため録画ではなく、ライブレッスンがメイン。毎日生放送は結構大変でしたよ。でも運動のために時間をつくるという習慣を維持することが重要だったのです。

結果、いち早くリアルレッスンに戻ることができて、そこからは順調に回復していきました。最初の休業時以外は給付金の対象となっていません。

●事業は相思相愛。ひとりよがりに悩むより、お客様に聞いてみる。
●事業の目的は何か？　ピンチのときほど立ち返ろう。

新たな衝撃と役割

通常営業再開後も、コロナ感染状況は続き、いつまた休業になるかわからない状況の中で、このままハンモックヨガ一本では弱いと感じていました。今や当たり前になったオンラインや、大人数で集まらなくても対応できるビジネス展開が急務だと考えたのです。

しかし、なんでも良いというわけではありません。それぞれの業態を支え合えるような、相乗効果をもたらすようなものは何か……考えていたところ、クラウドファンディングの特典であるパーソナルレッスンをしているときに、その答えを見出しました。

パーソナルレッスンは一対一のため、生徒さんの身体の状態も細かく見えます。生徒さんによって、右で簡単にできることが左ではどうやってもできないなど、左右の動きの差があることに気づきました。それは筋肉や意識の問題ではなく、物理的に可動制限があり、どんなにトレーニングを重ねても改善できないことでした。そこで感じたことは、「歪みを整えてから、動いた方がいい！」ということ。

もともと実家が整体院で母と弟が整体師。私も20代のころに資格までは取りましたが仕事にはしておらず、家族や友人に施術する程度でしたが、もう一度勉強し直そうかと思っていたところに、またまた衝撃が走りました。「カイロプラクティック」を知ったのです。

ハンモックヨガスタジオのオーナー会の仲間がカイロプラクティックの資格を取ったという情報を知り「これだ！」と直感。そして2カ月後の資格講座を申し込みました。

カイロプラクティックの学びは、それまで漠然と感じていた疑問を一気にクリアにしてくれました。骨盤や骨格の歪みを整えても、歪む原因がそのままであれば、2日で元に戻ると言われています。ハンモックヨガでも、レッスンが終わると「身体軽くなった！」「楽になった！」と言って皆さん帰られるのですが、次にレッスンに来たときは「今日も身体が重い」「腰が痛くて」と言って来られます。ということは、マイナスの状態で来て、ゼロで帰って、またマイナスの状態で来ているのではないか？　ゼロで帰ったら、ゼロで来て、プラスで帰って欲しい……と常々感じていました。

カイロプラクティックも同じで、施術で歪みを整えたら、極力維持してもらうために、生活習慣の指導もします。その生活習慣というのは「動くこと」「食べること」「寝ること」です。2回目のダイエットでエステのコンテスト時に学んだことと同じ内容でした。

結局、身体はこの3つでつくられているのです。ハンモックヨガではこの「動くこと」部分のみを提供していたことに気づきました。そして動いた分、さらに栄養を摂ること、質の良い睡眠をとることの必要性を感じたのです。

もともとハンモックヨガに通われている方は身体の悩みをお持ちで、改善のために始められる方がほとんどです。病院や整体にも並行して通われている方や、病院などで日常的な運動を勧められてハンモックヨガを始めたという方もいらっしゃいます。痛みが出ると病院の先生に相談しますが、病院の先生はハンモックヨガの動きを知りません。では、ハンモックヨガの動きを熟知していて、身体のことも診られる先生がいたら、適切なアドバイスができるのではないか！　ここですべてが繋がり、２０２１年６月、辻堂スタジオの一部を改装してカイロプラクティック施術院を開院しました。開院以来、一度も一般集客はしていません。ハンモックヨガの会員様とそのご紹介の方のみで常にいっぱいで、一般集客をかけられない状態です。

「この人のためにカイロプラクティックの道を歩むことになったのだ」と、思わせられる出逢いがいくつもあり、カイロプラクティックを進めていく中でもまた、私はその役目をいただいたのだと思いました。

●過去の経験を全回収。コロナ禍ですら、その気づきを与えてくれたものと捉えれば、人生に無駄な経験は何ひとつない。

ビジネスは波乗り。勇気を持って波を制する

一時波乗りをしていたことがあるのですが、ビジネスは波乗りと似ています。チャンス＝乗れる波。波の面が見えたとき、それが衝撃の瞬間です。この波に乗りたいと思ったら、まず全力で動き出す。波の状態を見極めながら、進路を調整しつつライディング。

ビジネスも同じで100％想定通りになんてなりません。状況を見極めつつ、常に最善の選択をし、うまくいくときは波の力で押し出されるように不思議と物事が加速して進んでいきます。こういうときは本当に自分でも戸惑うくらい止まらないものです。逆にそうでないときは、途中で失速してしまうこともあります。自分が全力で努力しても進めないときは、あえて進むのを止める判断も必要です。ＢＩＧＷＡＶＥに遭遇して、怖さを感じることもあります。でもその波が来たということは、きっと乗れるはず、と信じてトライしてみましょう。乗ってみると、新しい景色が見えるものです。ただ待っているだけでは波には乗れません。勇気を持って漕ぎだしましょう。

●できるようになったらやるのではなく、やったからできるようになる。

●動いた先にしか見えない景色がある。とにかく一歩踏み出そう！

あなたへのメッセージ

チャンスが来たときは、全力で動き出す！
そして、状況を見極めながら、
最善の選択をしていくと
きっと新しい景色が見えるはず！

飯田さおりさんへの
お問合わせはコチラ

〝お知らせ〟を受け入れたことで実現したスピリチュアル起業！3人の子育てとビジネスのバランスの取り方

Mary13 代表
女神のスピリチュアルナビゲーター
エステサロン運営

稲葉みゆき

1989年、岐阜県出身。短大卒業後、美容に興味があったことからエステ業界に飛び込み３年間勤務後、結婚して３人の子どもを授かる。第一子妊娠中に魂のオーラが見えるように。2019年エステで起業をするが、〝お知らせ〟をいただき、スピリチュアルセッションをスタート。2020年から本格的にスピリチュアルセッションで起業し、現在2000人以上の鑑定をしている。2021年からＦＭひこねで自身のラジオ番組をもつ。

1日のスケジュール

6:30 起床・自分の時間
7:40 長女・次女が登校
8:50 三女保育園登校
9:00 SNS・家事
10:15 瞑想
10:30 セッション
12:00 お昼
12:45 瞑想
13:00 セッション
16:00 三女迎え・夕飯作り・お風呂
19:00 夕飯・家事・子どもと遊ぶ
20:45 瞑想
21:00 セッション
22:00 入浴・SNS
24:00 就寝

スピリチュアルカウンセラーになった理由

私がスピリチュアルカウンセラーになったきっかけ。それは、夫の病気とうつ病です。それまでは、結婚前にしていたエステティシャンの仕事を月に3日する程度。友人のサロンを格安で貸してもらい、趣味程度のプチ起業をしていた最中での出来事でした。しっかり稼いでくれていた夫が倒れ、ほぼ専業主婦だった私の肩に家族5人の生活が「ドン！」と乗ってきたのです。

いきなり大黒柱。正直に言うと、怖すぎて現実逃避で、どこか宙に浮いた自分もいました。最低でも毎月40～50万円が必要だった我が家。どう考えても、エステのプチ起業やパートでは無理です。就職したとしても、すぐにそれほどの収入は得られないでしょう。「スピリチュアルで起業して稼ぐ」という一択しかありませんでした。つまり、私の起業家人生は、「起業したい」というよりも、「起業しないと生きていけない」というスタートだったのです。令和元年、初夏のことでした。

「才能があるから、できたんでしょう」と、思いますか？　いえいえ。実は「スピリチュアルで本格的に起業をする」という決断までには、遠回りをしているんです。今になって思い返すと、夫が倒れる1年ほど前から、「スピリチュアルで起業するといいよ」という〝お知らせ〟は、あちこちから届いていたんですよね。

〝お知らせ〟の形は色々ですが、私の場合、同じパターンの出来事が繰り返し何度も何度も起こります。わかってはいたのですが、スピリチュアルを仕事にすることは、当時の私にはとても勇気のいることでした。だって、目に見えない、何の確証もないことを伝えていくのです。「あやしい、なんて言われたらどうしよう。それに、オーラが見えていても、それを伝えたところで『それが何?』と言われないかな。見えたオーラをプラスに活かすためにできることなんて…」そう思っていたため、〝お知らせ〟を無視していたのです。そんな中での起業でした。

夫が倒れて最初に相談したのは、スピリチュアルの起業家であり、幼なじみである親友(以下、Kちゃん)。私の恩人でもある大切な人です。彼女は中学生のころから守護霊が見えていて、私は一緒に引き寄せの法則の本を読んだり、実践したりしていました。当時、私はまだオーラが見えず、見えるようになったのは第一子妊娠中のこと。妊娠中は、違う魂が身体の中に入っているため、スピリチュアル的な感覚が繋がりやすくなるんです。そのことを知っていたため、オーラが見えるか試したところ、なんと見えるように!「心臓のあたりが光っているように見えるな」と思っていたら、これが魂のオーラでした。

これを人型に当てはめて提供するスピリチュアルセッションは、私の完全なオリジナルです。このときは、まさかこれが仕事になるなんて、夢にも思いませんでした。

さて、そんな経緯を知っていたKちゃんからは「スピリチュアルで仕事をするといいよ」と、背中を押してもらったのですが、なかなか動けない私（笑）。当初は、スピリチュアルでの起業から逃げるように、エステの仕事を増やしたり、中華料理店でアルバイトをしたりしていました。そうやって〝お知らせ〟から逃げていると、どうなったと思いますか？やればやるほど、何かトラブルが起きるようになったのです。例えば、エステの予約が軒並みキャンセルになったり、アルバイトが突然クビになったり……。

もともと、考えたり向き合ったりすることが嫌いで、感覚人間の私は「なんとかなる」が口ぐせですが、次々と起こるトラブルにはさすがに焦りました。「どうしてこんなことが起きたんだろう？」と、考える度に頭をよぎるのは「スピリチュアルで起業」というメッセージ。そして、夫の病を機に、ようやく心を決めました。「これはもう、スピリチュアルで起業をしなさい、ということなんだ。わかりました！　やります！」と。

そう決心した瞬間、スピチュアルセッションの予約がポンポンポンと入りました。そしてなんと、エステの仕事もポンポンポンと予約が入ったのです。身体はエステ、心はスピリチュアル。外側と内側、両面を整え導いていく、これからのビジョンが固まりました。

さて、これで終わらないのが〃お知らせ〃の凄さです。実は、覚悟してスピリチュアルカウンセラーとして起業した後、収入が減ってしまったことがありました。「それなら」とアルバイトを始めた途端、今度はコロナ禍となって辞めることに。「またか」という感じで、本当に〃お知らせ〃って、わかりやすいんですよね。

やると決めた割に、どこかフワッとしていた私。「しっかり覚悟を決めてスピリチュアルの仕事をしよう！」と、もう一度覚悟をし直して、前を向くことができましたし、コロナ禍でオンラインが主流となり、結果的に起業の後押しにもなりました。

一見、マイナスだと思える出来事も、自分を成長させてくれるチャンスなんですよね。

全てのことに意味があって、この出来事が宇宙からのギフトだとしたら？　人生に失敗もなければ、間違いもありません。

常に魂を輝かせ、色んな経験をするために地球に来ているなら、マイナスと感じることでさえも、楽しんでしまいましょう！　大丈夫！　必要なサポートは、必要なタイミングでやってきますから。

みんな○（マル）になっていく

さて、覚悟を決めて起業した私ですが、比例するように夫とはケンカが増えていきました。そもそもお互いに性質が違いすぎて、私がどんなに言葉を尽くしても、思っていることが伝わりませんし、夫の思っていることも、私にはまったくわかりません。お互い、相手の言葉に過剰反応してしまうような、悪循環が続いていたのです。

私のスピリチュアルセッションでは、守護霊さんの通訳をします。ですので、自分の意識は半分だけ、もう半分は守護霊さんのような感覚で、俯瞰して上から見ているようなイメージです。自分を外側から見つめるようなセッションを重ねる中で、ふと、考えたことがありました。

「私はどうして今、夫の言葉にこんなに反応して、イライラしているんだろう。逆に、夫はどうして、私の言葉に対してこんなに反応するんだろう。同じ言葉でも、違う人から聞いてもこんなに反応しないのに」そう思い、夫をよく観察してみると、彼の言葉も行動も、私への愛情からくるものでした。つまり、私をフォローしてくれる優しい気持ちから出た言葉だ、と気づいたんです。価値観の違いを見つけ、相手を理解していくと、イライラが収まっていきます。夫とのケンカを通して、自分を理解した瞬間でした。

クライアントさんとのセッションでも同じです。みんな相手に対する優しい気持ちがあるから、怒りや悲しみの気持ちが湧き、ケンカになったり言いたいことを我慢したり何かしら行動を起こします。最初から悪い人なんていません。お互いの価値観の違いを見つけ、相手の言動を理解しようとすると、怒りや悲しみの気持ちから出たと思ったことは、優しさ、そのもっと奥には「愛」が反応して出た言動だと気づきます。そこに気づくと、気持ちが循環して、最後にはみんなハッピーになっていくんです。

そういう優しい循環は、円＝〇（マル）を描いていくようなイメージ。そのため、私は「〇（マル）になっていく」と呼んでいます。

相手を理解する大切さを、私は起業をきっかけに気づかせてもらいました。私の場合は夫でしたが、パートナーや親・好きな人・友人など、身近な人が教えてくれることが多いですよ。

今、身の回りで起きている出来事には、すべて意味があります。夫とのケンカもそうでした。私の〝お知らせ〟のように、この世の出来事って、本当にわかりやすい〝お知らせ〟なんです。「そんなことはない」と思いますか？　ポイントは「わかりやすいもの」と思っておきましょう。そうすることで、より〝お知らせ〟をキャッチしやすくなります。もしも、受け取れなくても大丈夫！　あなたの本当の望みを気づかせてくれたり、叶えてくれたりする〝お知らせ〟は、何度だってやってきます。気づくこと、そして、その上で「私はこうする！」と決めること。そしたら、あなたの望みを応援してくれる天からのサポーターたちが、本領発揮で導いてくれます。

夫とのケンカで気づいた2つのことがあります。「価値観の違いを見つけて、相手を理解する」ことと「みんなマルになっていくイメージを持つ」こと。これは今、私の考え方の基本になっています。

マルのイメージの持ち方は、愛のエネルギーを想像してください。ピンクや緑など色で想像したりハグしたりしているイメージでもいいです。自分が思ったもので大丈夫！　これはね、誰もがみんな持っているエネルギーです。つまり、相手にもあるってこと。

愛のエネルギーを感じて話すと、相手の中の愛のエネルギーが反応し、きっといつもとは違う何かに気づくはずです。自分が投げかけたエネルギーは、そのまま自分に返ってきます。愛のエネルギー交換をしていくと、トゲトゲが取れ、どんどんマルになっていきますよ。

子育てもビジネスも大切にしたい

本格的に起業をしてから3年、2000人以上の方のセッションをしてきました。これまでに、たくさんのクライアントの方と出会い、たくさんの起業家の方とつながりを持つことができました。これは私にとって、かけがえのない出来事です。特に、私と同じように、子育てをしながら起業している方には、たくさんのことを学びました。

転機のひとつだったのが起業して3ヵ月後に、女性起業家の渡辺優子さんと再会したことです。当時、5000円でカウンセリングをしていた私に、「スピリチュアルの仕事は、ちゃんと価格設定した方がいい。私のクライアントさんにも声をかけてあげる」と、アドバイスをくれたのです。

他にも、起業をするときに背中を押してくれたKちゃんからも何度も、叱咤激励をもらいました。「MIYUKIの本気はまだまだこんなんじゃない！　いくら稼ぎたい？　○日までに計画してやってみよう！」と。このように、たくさんの人に背中を押してもらい、今があります。本当に感謝でいっぱいです。

さて、転機よりも少し前のお話です。本格的に起業をスタートさせた当初、3人の子どもたちは全員保育園。しかも、夫はまったく子どもを見てくれないという状況。そして、コロナ禍に突入。長女は新1年生になりましたが、休校。慣れない学習のフォローをしなくてはいけません。誰も助けてくれない、まったく時間がない中での起業。そして、突然の大黒柱で張りつめている私の気持ち。こうして書いていても、なかなか大変な状況ですね。さらに、私は人を頼れずに変なところで無理しがちな性格でもあります。

「どうやって、時間をやりくりすればいいんだろう。限られた時間の中で家族5人を養う仕事をするためには、どうしたらいいんだろう」当時の私は、子育てとビジネスのバランスがまったくわからず、どんどん疲弊していきました。

「このままではまずい。もう、頼れないとか言っている場合ではない！」と思い、私は、子育てをしながら起業している先輩たちに連絡をしたのです。ハワイで再会した起業家の渡辺優子さんや6人の子育てをしながら起業した嶋根花奈さんなど、思いつく限りの方に連絡をし、話を聞くようにしました。

そのおかげで、子育てもビジネスもうまく回せるようになり、今ではどちらも大切にしたいと思えるようになったのです。ポイントは、「完璧にやらない、60点でいい」と思うこと。そして、子どもとの時間は長さではなく、質にフォーカスすること。これも、起業家の先輩方に教えてもらった大切なことです。

力を抜いて子育てをするようになってから、子どもたちとよくコミュニケーションをするようになりました。仕事中も「ママは今から仕事だから、この部屋には〇時まで入らないでね」と、ちゃんと話します。「さみしい」と言われたら「そうだよね。でも、ママがお仕事しないと生活できないから応援してね」とそのまま伝えます。小さいからわからないでしょ、と思わずに。また、子どもたちに何かを伝えるとき、夫と私の意見が違うときがあります。そんなときも「パパはこう思っているけど、ママはこう思うよ。どっちも間違っていないんだよ。あなたはどうしたい?」と、夫婦でも考え方が違うことと、子どもたちの意思を尊重することを伝えています。これは、スピリチュアルセッションを通じて気づいた、価値観の違いを大切にすることと、自分の感情を大切にすることから来ています。自分はどう感じ、どうしたいのか? 子どもに伝えていきたいことのひとつです。

子育てと仕事の両方を大切にできるようになると、お母さんも悩んでいいし、お母さんだから偉いわけじゃない、と思うようになりました。がんばって「お母さん」をやりすぎずに、子どもに頼ることができるようになったのも、起業したおかげだと思っています。

あなたも、完璧じゃなくて大丈夫! 子どもを笑顔にすることはもちろんですが、自分も笑顔でいられる選択をしてください。これは子育てに限らずですが、あなたと私の「ちょうどいい」が絶対にあります。自分をおいてけぼりにしないように!

横につながろう

私のセッションメニューに、スピリットコースというものがあります。テーマは「ゆるく自由に」。色々な特性を持つスピリチュアルカウンセラーが集まる場所です。このコースをつくったきっかけは、「横のつながりをつくりたい」というものでした。

例えば、私を頼ってきてくれたクライアントの方であっても、そのときのその人に、最適なのが私のセッションだとは限りません。私は、その人にとって本当に必要なセッションを受けてほしいと思っています。

そして、もうひとつ。私自身が辛いときに気軽に相談できる相手が欲しかったからです。自分とは違うスピリチュアルセッションをする方とつながりたいし、仲間が欲しいと思いました。

そこで、積極的につながりをつくり、自分も色々なセッションを受けるようにして、最終的にできたのが、このスピリットコースです。先生と生徒のような縦のつながりではなく、横でつながり、横並びでお互いに助け合う場となっています。私にとって理想的なこのスピリットコースができたのも、起業というチャレンジをしたからです。

私の人生で初めての大きなチャレンジである「起業」。チャレンジするとき、誰にでも〝お知らせ〟があります。違う方を向いていた私に「そっちじゃないよ！　こっちだよ！」と伝えるが如く悪い出来事が立て続けに起きたのも〝お知らせという名の導き〟でした。

誰にでも、本当にわかりやすい〝お知らせ〟があります。そして、自分の魂にとって正しい方へ向かっていると、ちゃんと「ラッキーな出来事」というご褒美があります。「正解！」と、教えてくれるんですね。やはり、起こることには意味があるのです。

〝お知らせ〟を受け取って、自分の魂にとって正しい方へ向かうには、「わかりやすいと思っておくこと」の他に、自分自身を大切にすること、そして、手放すことがとても大事です。もし、運が悪い出来事が続いていたら、いつもと違う行動をしてみてください。その行動が正解とは限りませんが、いつもと違う行動＝いつもと違う世界に行くということですので、「こっちだよ！」という直感が拾いやすくなります。起きた出来事や感情を掘り下げるのもいいですね。掘り下げることが苦手な私は、あえて違う行動をしてみます。

私も、起業が波に乗るまで「そっちじゃないよ！」という〝お知らせ〟を何度も受け取りました。「やってみて、だめならそのとき考えよう」という気持ちで、なんでもチャレンジしてみることがおすすめです。〝お知らせ〟にも気づきやすくなって、ラッキーだと思う出来事が増えていきますよ。そうすると、仕事をするのも、子育てをするのも楽しくなっていくでしょう。

私は起業しないと生活が成り立たないという状況でしたが、もし叶えたい夢や、やりたいことがあるならひとつの選択肢として「起業」というチャレンジをぜひ、してみてほしいと思います。

そして、そのときは「ひとり」と思わず、人を頼って、信頼できる仲間と横につながることを意識すると、楽しい世界がどんどん広がっていきます。

あなたの運がグングン上がりますように。

あなたへのメッセージ

人生には失敗もなければ、
間違いもありません。
マイナスだと思える出来事にも
意味があって、
自分を成長させてくれる
チャンスになります。

稲葉みゆきさんへの
お問合わせはコチラ

夢以上のことを実現させた
有言「即」実行！
キックボクシングジムを
経営するまでの
起業ストーリー

株式会社A-ＫＩＣＫ 代表取締役
キックボクシングスタジオ経営

岡田敦子

愛媛県出身。松山大学卒業後フリーアナウンサー兼フィットネスインストラクターとして活動。キックボクシングのプロを目指し2002年上京。選手とインストラクターの両立の末、プロデビュー。2009年ムエタイ日本チャンピオン、2011年ムエタイ世界チャンピオンとなる。2020年キックボクシングスタジオ経営。2022年株式会社A-ＫＩＣＫを設立。現在、東京都港区に拠点を置き、フィットネスと格闘技の普及に努める。

1日のスケジュール

8:00 起床・朝食

10:00 パーソナルレッスン2〜3本

14:00 昼食

16:00 パーソナルレッスン2〜3本

19:00 グループレッスン1〜2本

22:30 帰宅・お風呂・食事

0:00 事務作業

2:00 就寝

自惚れと挫折

私のプロフィールからは想像できないかもしれませんが、実は子どものころは文化系でした。ブラスバンド部・コーラス部・演劇部に所属。そんな私が衝撃を受けたのが中学生のころ、袴姿のなぎなた部の先輩を見たときです。「かっこいい！　私、かっこいい女の人になる！」と。

これをきっかけに、武道の世界へどっぷりハマったのです。気がつけば中学・高校・大学、そして大学卒業後も約20年間なぎなたを続けていました。

武道の延長で格闘技にも興味が湧き、大学4年のときにテコンドーに出会い、のちにキックボクシングを始めることになります。

大学卒業後はフィットネスクラブでスタジオインストラクターをしていたので、そのレッスンに格闘技の動きを取り入れたく、格闘技エクササイズの勉強を始めたのですが、独学では限界があると感じ、大阪や東京にセミナーを受けに行くようになりました。今でもはっきり覚えています。表参道駅を降りた瞬間、キラキラ輝いている街や人々のことを。そして、渋谷と原宿のフィットネスクラブへ行ったときのアウェー感。

挙動不審でしかなかった当時の自分が、まさか今その街に住んで、自分のスタジオをオープンし、アウェーだったフィットネスクラブで働いて、さらにはプログラム開発をすることになるなんて、当時の私は夢にも思っていませんでした。

時が経ち、キックボクシングを本格的にやりたい気持ちと、東京でインストラクターをしたい気持ちが次第に強くなり、26歳で上京します。上京してからは仕事と練習の毎日。フィットネスインストラクターと選手との両立は体力的にも厳しかったけれど、チャンピオンになる目標があったため、目の前の目標をただただクリアしていく日々を送っていました。

プロデビューして4年後、ついに夢を叶えることができ、初代ムエタイ日本チャンピオンになったのです。チャンピオンを夢見て上京し、毎日厳しいトレーニングを積み、得ることができたチャンピオンベルト。夢が叶うって、こんなに嬉しいことはありません。

チャンピオンになった私はすっかり浮かれ、練習中の怪我や気の緩みもあり、翌年の防衛戦では挑戦者に完敗。1年でベルトを失うことになりました。その後はどん底の日々です。仕事もプライベートもうまくいかず、金銭的にも悩まされ、朝からお弁当屋でアルバイトをして、昼はインストラクター業、夜から早朝までは居酒屋でアルバイト。それでもお金が足りず、親に何度もお金を借りていました。そんな日々を送る中、格闘技引退を考えます。

ある日、ハッと目が覚め、自分が置かれている場所に気づいたのです。「キックボクシング（ムエタイ）という世界でトップになれたかもしれないが、その世界から一歩外に出てみたら、誰も私のことなんて知らない。落ち込んでいる暇はない。チャンピオンになったのは事実、それを仕事に活かせばいいんだ！」と。そう考えた私はアルバイトをすぐに辞め、元チャンピオンの肩書きを手に、自主開催のグループレッスンやセミナー・インストラクター養成コースを立ち上げることにしたのです。

そこからは、自分らしさを取り戻し、仕事もプライベートも順調にいくようになりました。さらに、もう一度格闘技と向かい合い、再び世界チャンピオンを目指すことにしたのです。

挫折から2年、どん底の経験を経て、ついには世界チャンピオンの座を獲ることができました。あのときの挫折やどん底の生活は、決して無駄ではなかったと思っています。「次に飛躍するための準備だったんだ」と、そう強く思えました。

夢や目標は常に持つことが大切です。しかし、持つだけではなく、それを叶えた後の行動がその後の人生を大きく左右します。

あなたがもし、夢や目標を今抱えているのであれば、成功している自分を毎日想像しましょう。気がつけば、そんな自分に近づいているでしょう。

有言「即」実行

世界チャンピオンになり、悔いなく現役を引退。引退後は現役時代から両立していたインストラクター業により力を入れ、自身のプログラムの普及や指導者育成、さらには大手フィットネスクラブのプログラム開発・監修・教育を担当したり、格闘技イベントでの審判や格闘技イベントの立ち上げも手掛けたりするようになります。

さらに、自分のスタジオをオープンしました。スタジオをオープンした理由はコロナが流行したことです。フリーインストラクターの私は、コロナ禍でフィットネスクラブが長期休業したことが原因となり、しばらく仕事がありませんでした。そこで、すぐにオンラインレッスンの立ち上げ。オンラインレッスンをするために毎日レンタルスタジオを借り、配信機材を持ち込み、レッスンをしていました。そのときに閃いたのです。「自分のスタジオがあればこんな手間はいらない。そうだ、スタジオをつくろう！」と。

行動派の私は即物件を探し、2020年原宿にスタジオをオープン。スタジオではパーソナルレッスンを受けに来てくださるお客様も多く、翌年には表参道にスタジオを移転しました。今では、スタジオに多くのお客様が格闘技やフィットネスを楽しみに来てくださっています。

20年前、知り合いもいなければ右も左も分からず、憧れでしかなかった東京での生活や仕事。学生時代に憧れていた「格好いい女の人になりたい」という理想の人物。今の私は、それらを叶えられています。

私は子どものころから人の真似が嫌いでした。「人がやっていないことをやりたい。人と一緒はいや」今でもそう思っています。「あの人みたいになりたい」という感情はなく、「なりたい自分になる」これだけです。そのために今、何をすべきかを考えて行動しています。「やりたい！」と思ったことは、すぐやります。迷っている暇はありません。有言「即」実行です。

日常の小さなことからでも大丈夫です。一人言でもいいんです。「今日は〇〇をやる」「明日は〇〇へ行く」「今月中に〇〇をやる」と決めて言葉にしてみましょう。誰も聞いていなくてもいいんです。小さな予定でも言葉にすることが、有限即実行の第一歩です。

情熱は連鎖する

「ピンチをチャンスに」というのはよく聞く言葉ですが、まさにその通りで、私はコロナ禍で仕事が減ったことがきっかけで、自分のスタジオをオープンできました。

さらに、コロナ禍でオンラインレッスンが普及したおかげで、私はある方と会えたのです。その方は映像の中の方で雲の上の存在すぎて、私の人生の中で会えるとは思ってもいませんでした。誰だと思いますか？　あなたもご存知だと思います。それは、「ビリーズブートキャンプ」のビリーさんです！

ビリーさんは、世の中で格闘技エクササイズを広めた第一人者。私にとっては神的存在です。そんな偉大なビリーさんと一緒にオンラインフィットネスの仕事をすることができました。ビリーさんと丸一日一緒に仕事をし、ビリーさんの格闘技エクササイズへの情熱を感じられたのはもちろんのこと、私の情熱も十分伝わったようで、「またいつか一緒に仕事しよう！　アメリカにもおいで」と言っていただけました。こんなチャンスありますか？　例え社交辞令だとしても、私のポリシーは有言即実行！　ビリーさんと日本で仕事をした日から3ヵ月後、本当にアメリカに行ったのです。

ラスベガスで開催されたフィットネスコンベンションのビリーさんのステージで、アシスタントとして一緒に動くことができたり、ロサンゼルスのビリーさん宅に2週間滞在させていただき、ビリーさんの元でプライベートレッスンを受講させていただいたり、ビリーさんの生徒の前でレッスンをさせていただいたりしました。ビリーさんに会えて、一緒に仕事ができるなんて夢にも見なかった出来事が、本当に起きたのです。

目の前のことに情熱も持って自分を信じて行動していると、必ず道は広がるし、出会うべき人に出会えます。

私が開発したプログラム【ＫＩＣＫ ＯＵＴ】は、長年の経験で得たフィットネスと格闘技のノウハウを詰め込んだプログラムで、それを伝えている生徒さんやお弟子さんが、全国にたくさんいます。私について来てくれる方たちは、みんな情熱がある方ばかり。私が10年かかったことを、お弟子さんたちは1年でできるようになります。それをお弟子さんたちからは、私の指導の賜物だと言っていただけ「神」と呼ばれることも（笑）。

組織の中で私はトップではありますが、決して横柄にしたり驕ったりはしません。常に学び続ける姿勢を生徒さんやお弟子さんに見せています。情熱は連鎖します。熱量を高く持ち続けることで、熱量の高い人を引き寄せることができるんです。

現状に満足せず、情熱を持ち、常に学び続けることで、自分自身の人生もよりハッピーになります。

私は自分の持っているノウハウは惜しみなくお弟子さんに教えています。時々、「先生、そこまで教えていいんですか?」と、心配されるほど。SNSでもテクニック動画をたくさん投稿しているのですが、こちらでも同じく「先生、これは有料級ですよ」と、言われます。どうして私がここまでするのか? それは、私も同じように師匠に良くしていただいてきたからです。

当時は、「なぜ師匠はここまでやってくれるのだろう?」と思っていました。師匠は学びを止めない方で、今でも尊敬しています。自分がやってもらって嬉しかったことは、自分も誰かにやってあげたい。それが純粋な気持ちです。

惜しみなくノウハウを教えることは、何かを失うのではなく、自分自身もたくさんのことが得られます。何倍ものノウハウや知恵が自分に返ってきます。どんどんアウトプットすることで、自分もアップデートできるのです。そんな私の後姿を見て、お弟子さんたちは付いてきてくれていると私は信じています。

良いチームや良い組織をつくるためには、まずトップが動くことが大切です。そして惜しみなくノウハウを教えること。

あなたも良いチームをつくりたければ、まずは「ギブ＆ギブ」を先にしてみてください。

それがあって、はじめて「ギブ＆テイク」だと思いましょう。「ギブ＆ギブ」することで、自分も周りも心が豊かになります。

一歩踏み出すと世界が変わる

「チャンピオンになりたい」「東京で仕事がしたい」そう思って上京したのは26歳のときでした。

26歳で上京し、28歳でプロデビュー。32歳で日本チャンピオン、34歳で世界チャンピオン。この業界では、決して若くない年齢での経歴です。

引退してからはフィットネスの指導に力を入れ、44歳でスタジオを立ち上げ、45歳で起業し、代表取締役になりました。現在、私は46歳です。まだまだ現役で、まだまだやりたいことがあります。

20年前に憧れた街に住むことができ、憧れていた場所で仕事ができ、憧れ以上の方にお会いでき、夢以上のことが実現しています。

年齢はただの数字で、人生に「遅い」はありません。思い立ったが吉日です。新しいことを始めるには誰だって勇気が必要ですが、やらずに後悔するなら、やった方がうまくいってもいかなくても経験になるので、私はやります。

失敗することも挫折することもありますが、それは本当に自分を強くしてくれます。私は挫折から、たくさんのことを学びました。辛いことがあっても逃げない自分をつくり、嫌なことはすべて「修行」と思って生きています。人生、良いことも悪いことも色んなことがあります。色んなことがあるから楽しいですよ。人生一度切り。楽しんだもん勝ちです。

一歩踏み出す勇気がない方もいらっしゃるでしょう。その一歩を踏み出すと、世界が変わります。今よりもっと良い人生を送りたいなら、もっと自分を好きになりたいなら、まずは行動しましょう。

行動は、何だっていいんです。小さな目標を常に持ち、コツコツ目標をクリアしていっていってください。ゲームみたいに。そうすると、目標を立てるのが癖になり、次々に目標ができます。

目標を達成すると自分を褒めたくなりますよね。頑張った自分のことを好きになれますよね。その積み重ねが、自分の自信になるのです。自信のある人には、オーラがあります。そんな人の周りには常に笑顔がいっぱいで、自然に人が集まります。

私はまだまだ修業中です。人生、生涯修行だと思っています。人生は有限のため、生きているところまでの間にやりたいことがすべてできないかもしれません。だから、私はもし生まれ変わっても、もう一度自分に生まれたいです。

さぁ、立ち留まっているのはもったいない。
一度きりの人生、いろんな経験をして楽しんだもの勝ち。
次の一歩、踏み出しましょう。

あなたへのメッセージ

迷っている暇はありません。
「やりたい！」と思ったことは、すぐやる。
有言「即」実行こそが
夢以上のことを実現してくれる。

岡田敦子さんへの
お問合わせはコチラ

自宅の一室から始まった
エステ起業！
年商13倍にまで
成長させた
サロン経営のコツ

株式会社sowa 代表取締役
小顔コルギサロン運営
／小顔スクール運営

金子菊子

1970年、岐阜県出身。高校卒業後、会社員・アパレル販売員・ラウンジ経営など様々な職を経験。息子を出産した年にエステ業界に誘われる。１年後には独立し自宅サロン開業。開業後１年で年商を13倍にした小顔技術や経営ノウハウをもとに小顔スクール開講。ミスユニバース・ミスアースの審査員を務め、アマゾン電子書籍はベストセラー７部門獲得。

1日のスケジュール

8:00 起床・ストレッチ

9:30 スクールレッスン

14:00 経営するサロンでミーティング

19:00 帰宅し夕食

21:00 事務作業

23:30 就寝

まずは行動。失敗も成功も行動から

幼少期、両親が離婚し父方に引き取られました。その後、父が再婚し養母との同居が始まりますが、父と養母は毎日のように大喧嘩。特に、お金のことで言い争いが絶えませんでした。私と養母との仲も悪く、自宅でお菓子を食べたいときは、お金を養母に支払ってお菓子をもらう、という生活。このころから「人は自分の力で生きていかなければいけない。力を身につけなければ幸せになれない」と、強く感じていました。

成長しても養母との溝は深まるばかりで、高校卒業後、一人暮らしを始めます。昼間の仕事だけでは生活ができないため、日中はアパレル販売、夜はラウンジでバイト。ほとんど休みなく働いていました。働くことは好きでしたので、辛くはなかったのですが、やはり体力的に限界がやってきます。そこで、自分でラウンジを開業しようと決めました。しかし、当時は貯金もなく、開業資金がありません。銀行での融資が通るわけもなく、お店のお客様に頼み込んでお金を借り、なんとかオープンにこぎつけました。

オープンして1年ほどは賑わい、売上も順調でしたが、2年目からどんどん暇になり、売上も下がる一方。今思えば、当たり前ですよね。何の勉強もしないで始めた経営が、うまくいくわけがありません。経営が下火になってきたときに、追い打ちをかけるような出来事がありました。当時付き合っていた男性に、従業員のお給料を持ち逃げされたのです。従業員への支払いは、お金を借りてしのぐことができましたが、それを機に廃業。オープンしてわずか3年で、店を閉じることになったのです。

その後しばらくして、結婚し、息子を授かります。息子を出産した年、「エステサロンで働かない?」と誘われたことが、私の人生を大きく変えることになりました。それまでは、エステサロンに行ったことがなく、興味もありませんでしたが、数時間勤務から始められると聞き、息子を預け、すぐに始めることにしました。

サロン勤務を始め、衝撃を受けます。それまで全く興味のなかったエステの世界が、自分史上最高に楽しいお仕事だったのです。こんなにも面白い仕事があったのか、という発見でした。

このように、私は昔から「やってみたい」と思ったことは、すぐ行動するタイプです。

まずは行動！　行動しなければ何も始まりません。また、幼少期の養母との関係も、私の行動を後押しする原体験となっているのでしょう。「自分の足で歩かなければ、幸せにはなれない」という想いが、幼少期から私の中にずっとあるからです。

行動しなければ失敗も成功もありません。人生の一番の無駄遣いは、悩んで何も行動しない時間です。あなたにもし心当たりがあるのなら、無駄遣いをやめて自分の人生、自分の足できちんと歩いていきませんか？

覚悟を決め奮闘後、年商13倍に

エステサロンに勤務し始めたものの、出勤が週2日程度でしたので、経験も積めず、収入も低いことから、独立を決意します。自宅の一室（六畳一間）でリンパマッサージサロンを始めました。料金は特に考えず、「とりあえず値段を下げればお客様はご来店されるだろう」という安易な考えで適当につけていましたが、エステサロン経営はそんなに甘くありません。お客様は来店されましたが、その理由は安いから。それだけ。単価が低いため、働いても働いても売上は上がりません。

そこで、「もっと効果の高い技術を取得すれば、もっと売上が上がる」と考え、以前から気になっていた「コルギ」を取得することにしたのです。コルギとは、骨と筋肉にアプローチし、リンパの流れを促進させることで小顔や美脚を目指す韓国で生まれた美容法のことです。

コルギを取得してから、以前より単価を高く設定できたため、多少売上は上がりましたが、相変わらず経営のことは知らないため、売上は低迷したまま。サロン開業する方の多くは、このときの私のように考えているため、廃業するサロンは後を絶ちません。サロン経営は最高の技術だけでは成り立たないのです。最高の技術をお客様に知っていただかなければなりません。それができなければ、誰にも知られずひっそりと閉店……。

私はそれに気がつくまで、とても時間がかかりました。気づいたきっかけはスタッフを雇用し、テナントでの開業が決まったときです。

テナント開業は、人件費や家賃などの固定費がかかるため、だらだらとしている暇はありません。毎月、支払いが襲いかかってきます。これはものすごい恐怖でした。しかし、立ち止まっていては廃業するだけ。

そこで、私は覚悟を決めました。経営のやり方を一から学ぶことにしたのです。経営塾を調べまくり、辿り着いた塾で半年間、がむしゃらに学びました。その甲斐あって、1年で年商を13倍にすることができたのです。サロンの仕組みを根底から変え、売上の上がりやすい仕組みを構築していきました。

その仕組みとは、「顧客数を増やすこと」です。集客はサロン経営にとって、とても大切ですが、もっと大切なことはリピーターをどれだけつくれるか、ということ。新規のお客様が何十人とご来店されてもリピートのお客様が全くいなければ、永遠に新規のお客様を追い続けなければいけません。サロンの売上の80%は顧客様の売上だというデータがあります。ということは、顧客数が増えれば増えるほどサロン経営は安定し、精神的にも楽になるということです。

人は、同じお店に7回以上通うと浮気（他店へ流出）しにくいというデータがあります。そこで当店では回数券を作り、その回数を6回からに決めました。初回のご体験を1回と考えると6回券をご購入していただければ来店回数が7回になるからです。

さらにカウンセリングのやり方も変えました。お客様にリピートしていただくためには、来店頻度や来店回数、どれくらいで効果がご実感できるのか？　などを体験前にきちんとお伝えする必要があります。体験後のクロージング時に伝えると、お客様の考える時間が少なすぎて、結論が出せないままお帰りになってしまうため、体験前にお伝えし、体験してからどうされるのかを選択していただくようにしたのです。このストーリーがきちんとできていなければ、その場で決断していただくことは難しくなるでしょう。

このように、お客様が決断していただきやすいストーリーをつくることで、スムーズにご契約ができます。弊社のスクールでは、技術だけではなく、このようなサロンの仕組みづくりを重点的にお伝えしています。

今、当時を振り返ると「よくあんなに働けたな」と思います。休みはほぼなく、サロン以外はどこにも行かず、家と往復の毎日。次から次へとお客様はご来店され、手を休めることなく施術していました。

しかし、あのころがあったから今の自分がいます。現在、スクールも運営していますが、あのころがあったからこそ、スクールの生徒さん達にお伝えできることがあると思っています。


技術の取得だけでは駄目だということを最初から分かっていれば、早く経営が安定します。もし、あなたがサロン経営に興味があって一歩踏み出せない状態にいるなら、素早く行動することをおすすめします。

未経験でも大丈夫です。きちんと学び、行動し、修正する。それを繰り返すことが大切です。覚悟を持って行動しましょう。必ず結果は出ます。

コロナでも売上を落とさなかった理由とは？

２０２０年、新型コロナウイルスが流行しました。対面型店舗への大打撃は周知の事実です。当店も例外なく巻き込まれていきました。

緊急事態宣言が発令され、外出すらできない状況で、どうすればいいのか悩んだ末、以前から考えていた「小顔スクール」の開講を決めたのです。「いずれコロナは収まる。そのときに備えてサロンを開業されたい方の支援をしよう。そして、サロンの売上が減少した分を賄おう」と。

スクール開講を決めた瞬間から、多くの問い合わせがありました。その大半が主婦の方で、お問い合わせ内容はこのようなものでした。

「未経験でサロン開業なんてできるの？」

「ずっと主婦だったのにサロン経営なんてできる？」

「私なんかが、サロンできるでしょうか？」

私は、こう答えていました。「できます！」と。当スクールでは、技術講習以外にもサロン開業サポートを行っています。サロン経営に必要なカウンセリングやクロージングのやり方・メニューのつくり方・接客の仕方など、私の実体験をもとに伝えるため、未経験でも問題ありません。実際に、元専業主婦でサロン経験がない生徒さんの中には、月商100万円を達成されている方もいます。

行動が早く興味があることや自分のためになることはすぐに学び、実践する生徒さんがいます。その方も、元専業主婦でサロン未経験の方です。私のスクールで学んだ後、2021年5月に自宅サロンを開業。SNSの投稿も毎日欠かさず、コツコツと前進された結果、開業してから1年間の間に月商100万円超えを、3回も達成されています。

では、なぜそんなことができるのだと思いますか？　サロン経営がうまくいく人とうまくいかない人には明確な差があるのです。それは「早く素直に行動するか、しないか」それだけです。行動しなければ何も分かりません。何も変わりません。行動したからこそ見えてくるものがあります。

大量行動の先には結果がついてきます。「行動と言われても、何から始めたらいいのか分からない」と、おっしゃる方もいるでしょう。それは、まだ何も始めていないからです。自分ができないことをしている人を見ると「あの人は凄い人だ」と思いますよね。でも、その人達にも必ず最初の一歩があるんです。

例えば、「自転車に乗りたいな」と思ったとして、頭で考えているだけでは乗れませんよね。自転車を用意して、練習して、初めて乗ることができるんです。

また、「私に向いているかわからない」という方もいらっしゃいますが、行動しなければ自分に向いているか、向いていないかは分かりません。分からないのに頭の中だけで考えて行動できずにいるのは、とてももったいない。

私は元々エステに興味があったわけではありません。エステ業界に入ったきっかけは、「誘われたから」という理由だけですが、誘われた後にすぐ行動したことによってエステの仕事が自分に向いていることが分かりました。

まずは行動。そして修正。そうやっていって、徐々に自分の軸を固めていくのです。

いきなりオリンピック選手にはなれません。最初の一歩を踏み出して、行動あるのみ。些細なきっかけでも興味があることがあれば行動してみてください。人生が激変するかもしれません。

人生は選択の繰り返し

人は1日35000回選択すると言われています。起きたときからその選択は始まっていて、「トイレに行こうか、いや先に歯を磨くか、やっぱり顔を洗おうか」など、細かなことも含めて選択の連続なのです。自分で選択したことに責任を持てる人は、成功すると言われています。「何を選ぶか」「やるのか、やらないのか」などの選択をし、「やる！」と決めたなら、やりきる覚悟を持つことが大切です。

そして、自分の選択に責任を持つこと。私もこれまで多くの選択をし、失敗し、行動し、また失敗……ということを繰り返してきました。

私の最初の起業はラウンジ経営。経営のやり方など全く分からず、分からないまま廃業しました。その後エステサロン経営を始めますが、当初はサロン経営のやり方を知らずに料金を安くするだけの方法しか思いつかず、売上が上がらない日々。そこから一念発起し、経営塾に通い、一から学ぶことで変化していきます。

学んだことをとにかく実行。集客するための手段は何でもやりました。費用はかかるのに全く成果が出ないものも多々ありますが、成果が出るかどうかということも、やってみないと分かりません。実践した結果、反応が悪ければ縮小し、反応が良いものを残していきました。これを繰り返し行い、その結果、現在の集客方法に落ち着いたのです。

生徒さんからの質問でよく、「集客は何が一番良いんですか?」と聞かれます。それは自分にしか分かりません。私の成功体験をお伝えすることはできますが、私のサロンと生徒さんのサロンで、同じ方法が成果につながるかは分からないのです。地域性もありますし、自分の得意分野が何なのかは自分にしか分からないのですから。

とにかく、できることは全て行い、取捨選択をしていくしか方法はない、と生徒さんにはお伝えしています。

「この方法は反応が悪いな、この集客は反応が良いな」など、あらゆる行動をすることであらゆる結果が見えてくるかと思います。結果には、必ず原因があるのです。「悪いな」と感じたその原因をきちんと理解することで、次からの糧になります。それができるようになれば、少しずつ成長していくことができるでしょう。

人は倒れたままでは生きていけません。倒れたら、また起き上がればいいんです。起き上がって、考えてみればいいんです。

「次は何をすればいいのか分からない」と悩み、動けなくなるのではなく、考えてみましょう。そして、自分が思ったことを信じて、突き進んでみましょう。

あとは、「今日すべきことは今日する」ということも大切です。できなかった場合でも、言い訳はしません。「今日しない」という選択も、自分の責任なのですから。

私は、「すべての選択は自分の責任」という考えができるようになってから、とても楽に生きていけるようになりました。「あのとき、あの選択をしたから、この結果になったんだ」と、素直に捉えることができています。失敗したとしても、誰かを責めたり憎んだりすることはありません。全ては自分が起こしていることなのですから。

つまり、失敗の原因になった選択をしたことが自分の責任なのであれば、成功に導く選択をすることも自分次第。自分で自分の人生は変えられるんです。

今、あなたが歩んでいる人生は誰のものでもなく、あなたの人生です。何を選択するか、どのように進んでいくか、自分で決めてみませんか?

あなたへのメッセージ

「やる！」と決めたなら、
やりきる覚悟を持つことが大切！

金子菊子さんへの
お問合わせはコチラ

オーストラリア駐在中に
オンライン起業！
子育てしながら
好きなことを
仕事にするまでの道のり

合同会社SUNNY SUMMER 代表
水着海外ブランド正規代理店
／スキンケアブランド運営

北村晴夏

1981年、札幌市出身。短大卒業後に国産化粧品ブランドで５年間、外資系化粧品ブランドで８年間、美容部員・店長として勤めた後、海外駐在に帯同するために退職。2017年に起業し、オーストラリアの水着ブランドＳＥＡＦＯＬＬＹ（シーフォリー）の正規代理店として通販ビジネスを行う。2022年、13年間の美容部員としての経験を活かして、プラントベースのスキンケアブランドＶＩＢＯＴＡ（ビボタ）をスタート。

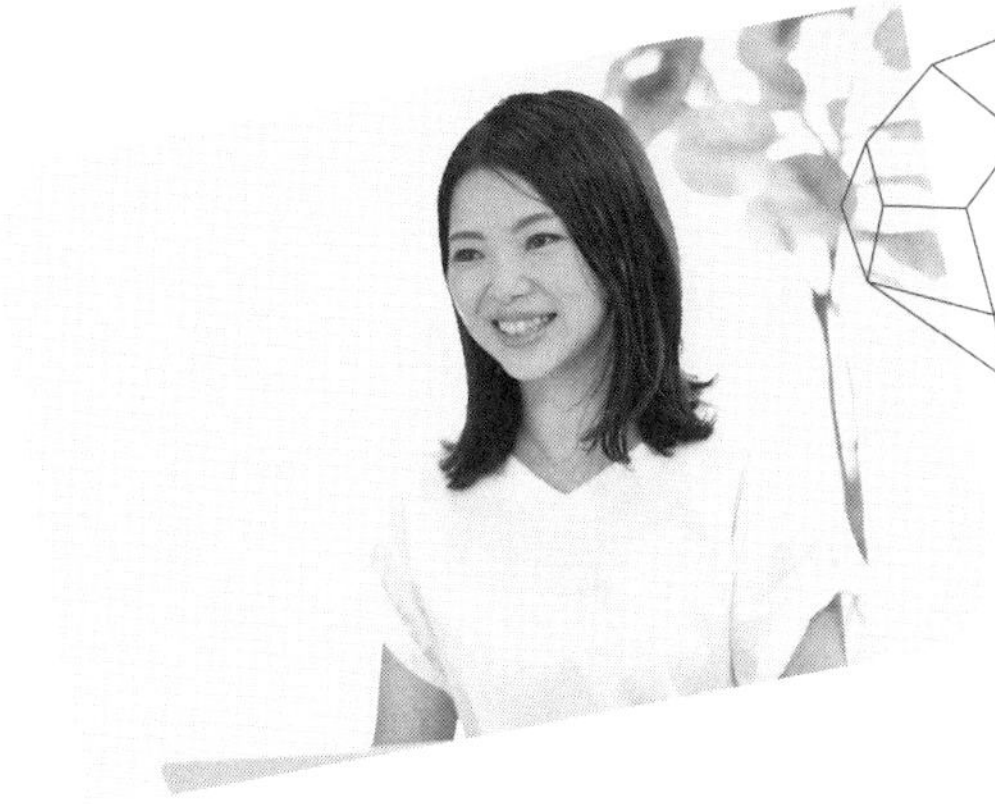

1日のスケジュール

6:30 起床
8:00 子どもが登校後、家事
9:00 ウォーキングしながら職場へ
10:00 ジムでトレーニング後仕事
14:00 ウォーキングしながら帰宅
16:00 子どもの習い事送迎・合間に家事
19:00 夕食
20:00 お風呂
22:30 就寝

世界中どこに住んでいても自分らしく生きる

主人のオーストラリア駐在へ帯同するため、8年間勤めた化粧品会社を退職し、当時3歳と1歳の子どもたちを連れて移住したことから、私の人生は変わりました。

最初の1年間は海外での生活に慣れるのに必死でしたが、2年目になり余裕が出てきたときに、ふと20代のころに「将来、海外に住んだらその土地の良い物を見つけて日本で売りたい」と思っていたことを思い出します。

しかし、何を売ったらいいかアイデアは出ないまま、無在庫販売ができるオンラインモールに出品をスタート。出品する過程で何を出すか迷ったのですが、「出品するか迷ったら、考えるよりも手を動かす」をモットーに、直観で深くは考えずに進めていきました。

その中で一番売れたのが、オーストラリアで一番人気の水着ブランドSEAFOLLY（シーフォリー）です。クオリティが高く、日本の水着メーカーとは一味違う素敵なデザインで、日本人も着やすいパット付きが多いこともあり、売上が良く、届いたお客様からも非常に好評で、やりがいを感じることができました。

最初は主にアウトレットで仕入れていたため、注文いただいてから車に乗り、高速で片道20分を子どもと一緒に買い付けに行く日々。大変ではありましたが、久しぶりに「自分らしく、やりたいことができて楽しい」という充実感を感じていました。

スタートして3ヵ月で月商100万円以上になり、「メーカーと直接取引ができれば、もっと出品価格も下げられるし、アウトレットではない新商品やクオリティの高い製品を売れるのに」と思いメーカーに交渉したところ、正規代理店として取り扱いさせていただけることになったのです。

注文数が増えて困ったことが、梱包や発送業務。子どもが寝てから夜な夜な作業をするため、寝不足の日が続きました。そこで、日本に倉庫を借りて商品をストックしておくことに。これよって、それまで個別に海外から発送し、リードタイムが7〜14日間かかっていたのが、最短翌日にお届けができるようになり「急ぎで水着が欲しい！」という方にも対応できるようになったのです。梱包のプロに依頼しているため、包み方も綺麗で顧客満足度も上がり、私の寝不足も解消することができました。

起業2年目には、ラフォーレ原宿からポップアップショップ出店の依頼や雑誌掲載などのオファーもいただきました。ポップアップショップ出店の際は海外から遠隔で準備したり、一時帰国したりと大変ではありましたが、子どもたちといっしょに一時帰国した際に日本の小学校や保育園に通い、日本での生活を体験させてあげられたことは副産物となりました。

起業当初は特にアイデアもなく、販売方法もわからず、手探り状態でのスタートでしたが、はじめてみると何が売れるか見えてきて、自然と次のステップへの課題が降ってきたように思います。それら課題をひとつずつ行っていくことで、自然と売上を伸ばしていくことができました。

駐在生活と聞くと華やかなイメージがあるかもしれませんが、「主人の奥さん」というスタンスで人と接することが多く、それ以外でのシチュエーションでも「子どもたちのママ」という立場。現地のママ友には仲良くしていただいていたのですが、英語でのコミュニケーションだったため、全て意思疎通できるわけでもなく、本来おしゃべり好きな私も無口になってしまい、自分らしさを失い、落ち込むこともありました。

その中で起業したことによって、久しぶりに自分の好きなことができて、お客様から喜んでいただくことを経験でき、自分らしさを取り戻すことができたのです。世界中どこに住んでいても、もう一度転勤があったとしても、世界中どこでもやりたいことを実現して自分らしく生きていけるということを体感しました。

オンライン化が進んだ今、誰でも、どこに住んでいても自分の好きなことを実現し、自分らしく生きていくチャンスを掴むことができます。

ピンチはやりたいことに気づけるチャンス

シーフォリーの水着売上が順調に伸びていたとき、世界中で新型コロナウィルスが流行しました。旅行やレジャーの減少により、売上が急激に低下したのです。

しばらくは様子を見ていたのですが、売上不振のままコロナ2年目になり、新しい事業を始めることを決意します。それは、起業当初から「機会があればやりたい」と考えていた化粧品です。外出自粛の影響を受けにくいと考え、スキンケア事業を始めることにしました。

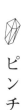

元々、百貨店化粧品の国産ブランドで5年、外資系ナチュラル系ブランドで8年の美容部員経験があり、美容が大好き。スキンケアも大好きで、美容部員時代は、洗顔とパックをした後に化粧水→アイクリーム→美容液2種→クリーム→ナイトオイルなど、7ステップものお手入れを13年間徹底。美容部員を退職してから最初はしっかりお手入れしていましたが、気がついたときにはオールインワンジェルしか付けなくなっていました。

そうなった理由は2つあります。1つ目は、朝の時間は慌ただしくていくつも顔に塗っていられないので省略。2つ目は、百貨店スキンケアをしっかりしようと思うと毎月3万円以上かかる、ということ。ネットでの購入も増えたのですが、サブスクで初回は安いのに2回目から1万円越えになる販売スタイルにも疑問を感じていました。

このような自分の体験と、美容部員として3万人以上のお肌を診てカウンセリングしてきた経験をふまえ、「2ステップでデパコス5ステップの効果を実感できる商品をつくりたい。スキンケアに時間をかけられずに悩んでいるママたちに、肌への自信から笑顔が溢れる毎日を送ってほしい」という想いから、化粧品事業スタートを決意したのです。

一から化粧品事業をスタートするノウハウや知識は全くなかったものの、思い立ったら即行動。起業当時と同じ「走りながら考える」というフットワークの軽さで、いくつもの化粧品工場に問い合わせをし、何社も問い合わせる内に、一緒につくっていただける製薬会社と巡り合うことができました。その後は、商品のコンセプトや成分などについて何度も打合せをしたり化粧品の原料を調べたり、店頭で数百個の化粧品をチェックしたり、実際に購入して多くのスキンケアを試したり海外から取り寄せたりもしました。

私自身が小さなころアトピー肌で、今も極度の乾燥肌と敏感肌のため、評判の百貨店スキンケアも使ってみるとヒリヒリしたり、コクのあるクリームをつけるとリッチ過ぎてニキビができてしまったりと、肌トラブルが多いため、そのような敏感肌の方でも安心して使えるスキンケアを目指しました。また、企業として環境に優しい商品にしたいという思いから、動物由来成分は使わないプラントベースの商品を開発。化粧品容器も環境への負荷を減らすために可能な限り、リサイクル可能なガラス容器を使うように配慮しました。そうやって出来上がったブランドが「ＶＩＢＯＴＡ（ビボタ）」。植物の力で美しい肌を引き出すという思いから「美＋Botanical（植物の）」が由来です。

開発後も数多くの肌試験を実施し、改善効果が非常に高かったものを商品化したため、すべての方に自信を持っておすすめできます。美容部員時代の「もっとこんな製品があったらいいのに」という思いと、消費者の立場になったときの「もっと手頃な価格だったらいいいな」という思いを掛け合わせ、形にすることができました。おそらく、水着のビジネスがうまくいっていたら、自分の本当にしたかったことは忘れたままだったと思います。

今まで、思い通りにいかなくて悔しい思いをしたことも何度もありますが、振り返ってみると無駄な経験は何ひとつありません。夢が叶わず、違うことになったとしても、意外とそっちの方が自分に合っていたり、そのおかげで本当にやりたかった夢に近づいていたりします。今自分のやりたいことができず、夢が叶わないと失望している方も案外今の経験が夢へと繋がるステップだったと、あとで気がつくかもしれません。ピンチのときこそ、本当にやりたいことに気がつくことができるチャンスです。

仕事と子育て

起業前は外資系化粧品ブランドの売上一番店の店舗マネージャーとして働き、トレーナーになることを目標として働いていました。トップセールスとしての成績が認められ、サブマネージャーからマネージャーへと昇格し、さらに全国を飛び回るフィールドトレーナーとして異例の大抜擢の話をいただいたのは、妊娠が分かって3日後のこと。トップセールスのときも、カウンターマネージャーとして成果を上げていたときも、通勤時には「今日は売れる。お客様がたくさん来る」と、自分の中のスイッチをオンにする感覚でイメージトレーニングをして、毎日全力で働き、やっと掴んだ昇進のチャンスでした。

しかし、その昇進の話は全国に月の半分は出張で飛び回るようなポジションです。妊娠中には厳しいことと、出産後は1年育休を取って子どもと過ごしたいという思いから、泣く泣く辞退するしかありませんでした。

そして産後、保育園がなかなか決まらず、育休から復帰したのは1年4ヵ月後。戻ってみると他の子が昇進しており、私はマネージャーでもなく、一美容部員としての復帰でした。その中で最大限努力はしましたが、子どものお迎えもあるため毎日早番で繁忙時前に帰らなくてはいけないため、店舗マネージャーとして店を管理することは正直難しいと、ひしひしと感じたのです。また土日勤務も多く、土日休みの主人と休日を合わせることができるのは月2、3日程度。実家が遠く、簡単に頼れる人がいない状況で主人が協力的だったことは救いでしたが、思い通りに働けない悔しさは拭いきれません。主人に対して「可愛い子どもがいて、帰ったらご飯が準備されていて、独身時代と同様に仕事ができる男の人っていいなぁ」という羨ましささえありました。

そんな働き方をしていた私ですが、起業してからガラリと変わりました。平日はジム併設のコワーキングスペースで仕事をしているのですが、朝、子どもを学校に送り出してから片道40分歩き、10時から30分トレーニングをしてから働き、子どもが学校から帰ってくるまでに家に帰るようにしています。そのあとは、習い事の送迎をしたり、宿題を見たり、子どもたちとたくさんの時間を一緒に過ごせるようになったのです。

ネットショップのお問い合わせや受注対応などは外注しているため、会社勤めしているときよりも圧倒的に自由な時間が多くなりました。会社勤めをしているときは、思うように働けず悔しい思いをすると同時に、子どもと一緒にいられる時間が少なく、「限られた貴重な時間をもっと一緒に過ごしたい」と強く感じ、理想とはかけ離れた生活をしていたように思います。起業してからは、自由時間も増え、したい仕事ができる上に子どもと一緒にいる時間もたくさんあり、まさに理想としていたライフスタイルです。

以前は主人のことを羨ましく思っていましたが、いつのまにか私が主人から「仕事楽しそうだね。やりたいことができていいね」と羨ましがられる側になっていました。

出産後、自分の自由度が減って思い通りにいかず、悔しい思いをたくさんしましたが、「与えられた環境で楽しめるか楽しめないかは自分次第」という信念のもと、置かれた状況で咲けるように努力した結果、今の状況を楽しみ、子育てしながら好きな仕事も手に入れることができました。また主人の海外転勤がいつあるかわからないので、世界中どこに住んでいても今の仕事が続けられるような働き方にしています。コロナの影響でミーティングなどのオンライン化が進んだため、起業当初より、どこに住んでいても働きやすい環境になったと実感しています。

会社勤めをしていたときは、出産後は自分のしたいことは諦めて、一時的に自分のアイデンティティを失ったような気がしましたが、実はどんな環境でも自分らしく生きられるんです。家庭があって子どもがいるからこそ、より頑張ろうと活力が湧いてくる。その中で、もっと自分らしく生きられる場所があるということに気がつくことができました。現在「やりたい仕事ができていない」という方は、お休みの日に小さくビジネスをスタートして、会社以外で自分のやりたいことを実現していくのもひとつの方法だと思います。

運を動かす「運動」

起業時や新規事業立ち上げ時など、自分のやりたいことを実現できたタイミングに、実は共通点があります。それは、運動です。日本に帰ってきてからは運動習慣もなく、移動は常に電動自転車を利用し、自宅で仕事をしていたため運動量も少なく、どんどん体重が増え、ついに妊娠臨月時の体重まで到達。家にいることも多く、家族以外の人と接する機会も少なかったため、元々アクティブだった私には、当時のライフスタイルは合っていなかったのでしょう。太った影響で体調まで悪く、メンタルも不調で気分が落ち込むことも多く、さらに自分に自信を持てなくなっていました。

運動を始めたきっかけは、久しぶりに会った友達が痩せていたことでした。痩せないのは年齢のせいだと思っていたけど、同年代で痩せたということに勇気づけられたのです。友達の生活習慣を聞くと、毎日3時間ジムに通い、ウォーキングも30分から1時間程度行い、買い物もあえて遠くのスーパーまで歩いて行っているとのこと。自分の生活スタイルと全く違うことに気がつきました。そこで、手始めにウォーキングを始めることに。元々継続が苦手なので、イベント的に歩くのではなく毎日の習慣にする必要があると思い、徒歩40分のカフェで仕事をすると決めました。すると、メンタル面がすごく安定して意味もなく落ち込むことがなくなったのです。新しいことを始めようという活力も湧き、今まで「いつか化粧品ブランドを始められたらいいな」と遠い未来のように思っていたことを「今始めよう！」と決心することができました。

ウォーキングを始めて8ヵ月目からは、ジム併設のコワーキングスペースを借りて週5の筋トレもスタート。毎日のウォーキングを習慣化するために、あえて徒歩40分の所に借り、着いてからも30分トレーニングをしてから仕事をし、また歩いて帰っています。

仕事で何か迷っているときやアイデアが欲しいときは、ウォーキングをしながら考えます。じっと座りながら考えるよりも、体を動かしているときの方が良いアイディアが浮かぶため、信号待ちなどで、浮かんだ内容をメモしておくようにします。

ウォーキングを継続してから1年ちょっとでマイナス11キロを達成。産前の体重に戻すことができました。体も軽く調子も良くなり、以前はなかなか起きられなかった朝も、今は6時にはスッキリ起きられるようになったこともダイエットの成果でしょう。

このような私の体験から、「何か自分でビジネスを始めたい」と思っている方やそうではない方にも、まずおすすめしたいのはウォーキングです。新しいことを始める活力も運動をすることによって湧いてくるし、歩いているときは頭の中が整理されて新しい発想も生まれやすくなります。

また、何かアイデアを思いついたとしても「資金が準備できたら始めよう」という方が多いですが、思い立ったら吉日。まず行動することが一番重要だと思います。「特にアイデアが浮かばない」という場合は、フリマアプリなどで家にある不用品を全て売ってみることから始めるのもいいと思います。売っているうちに、意外と高く売れるものを発見したり、需要があるものが分かってきたりするでしょう。家の不用品が全て売り終わるころには、自分の売りたいものが何か出てくると思いますので、それを作ってもらうか、海外の日本未入荷ブランドを見つけて交渉してみることがおすすめです。まずは小さなステップから始めて大きく育てていく、という方法が失敗も少なく始めやすいと思います。

「運を動かしたい」ときは「運動」をして、やりたいことが思いついたらまず始めてみてください。始めてみると、次から次へと課題が降ってきて、どんどん次のステップへと進んでいけると思います。

起業したいと思っていて実現するかしないかは、行動するかしないかだけの違いだと思います。今はオンラインでの起業サポートも多く、びっくりするほど簡単に会社を設立することができます。「アイデアができてから」「〇〇円貯まったら」などと思っていると、いつになっても始められません。走りながら考えることがおすすめです。

私も常日頃から主人に「思い立ったら即行動！　チャンスの神様は前髪しかないんだって」と言っていましたが、実は私も弱気になってしまうことがあり、今回の本の執筆のお話をいただいたときは新しくスキンケア事業を始めるタイミングだったため「化粧品事業が成功してから書いた方がいいかなぁ」と主人に言いました。すると、「らしくないね。〇〇してから、とか俺みたいなこと言っているね」と言われ、ハッと気づかされたのです。

今、会社運営はほとんどひとりでしているため、全て自分でしなくてはいけないプレッシャーや孤独感があるのですが、水着事業の運営や商品パッケージ、ＥＣサイトのデザイン制作などをクラウドワーカーさんにお願いする中で、良い出会いがたくさんありました。商品が売れるようにサポートしてくれる方とお仕事することができて、困っていても抱え込まず、相談すると誰かが手を差し伸べてくれ「ひとりじゃないんだ。一緒に頑張ってくれる方がいるんだ」と強い心の支えとなり、今日も会社を運営できていると感じています。

最後までお読みいただき、ありがとうございます。起業に興味を持って読んでいただいている方の行動するきっかけとして、少しでもお役に立てると嬉しいです。

あなたへのメッセージ

ひらめいて、ワクワクしたら
自分の気持ちを信じて行動あるのみ！

北村晴夏さんへの
お問合わせはコチラ

17年間勤めた高校教師を退職し、インターナショナルプリスクールを設立するまでの軌跡

一般社団法人LAUGH&LEARN
インターナショナルプリスクール運営

木村かおり

1971年、茨城県生まれ。公立高校の英語教諭として約17年間勤務。2011年、自身の夢を叶えるべく、茨城県水戸市にインターナショナルプリスクールを設立。2014年つくば市にモンテッソーリ教育で行うインターナショナルスクールを設立。英語教育のみならず、つくば市内の研究所をめぐるツアーやロサンゼルス・ＵＣＬＡでのサマーキャンプなど、様々な本物体験ができる機会を子どもたちに提供している。法政大学文学部卒、二児の母。

1日のスケジュール

6:00 起床
6~7:00 長男のお弁当、朝食準備
7:00 朝食
8:00 愛犬の散歩
9:30 出勤(週1回　出勤前
または仕事後にキックボクシング)
プリスクールレッスン
アフタースクールレッスン
19:00 退勤
20:00 帰宅、夕飯準備
21:00 夕飯
22:00 愛犬の散歩
22:30 入浴
23:00 就寝

あなたの夢は？

「あなたの夢は？」

高校教師時代、ホームルームや授業の際に、私がよく生徒たちに問いかけていた言葉です。明確に答えられる生徒は数名。「これから探すので手伝ってほしい」と言う生徒が数名。その他の生徒は「まだまだ決められない」という感じでした。

もちろん、高校3年生までに、自分の人生設計を行い、希望の進路を決定するというのはなかなか難しいこと。そうであるにも関わらず、長い間、生徒に同じ問いかけを繰り返していました。同時に「夢は諦めたらそこで終わり。諦めないで実現させるために努力をし続けて！」ということも、熱く伝え続けてきました。そんな中、時々卒業生から、「希望していた仕事に就けた」「夢が叶ったよ」という連絡をもらうのは、本当に嬉しい瞬間でした。

高校の英語教師として約17年勤務しましたが、高校の英語教師になることが、私の幼いころからの夢だったのでしょうか。

3人姉弟の長女として公務員の両親のもとに生まれ、4歳まで昼間は祖父母が農業の傍ら、自宅で世話をしてくれました。幼稚園に1年通い、その後、小中学校の9年間は無欠席で卒業。女子高に進学したため野球部がなかったことから、高校野球への憧れが強くなり、野球が強い大学への進学を希望するようになり、法政大学に入学しました。

幼いころからの夢は、幼稚園か保育園の先生だったのですが、文学部英文学科に進学したため、幼稚園教諭や保育士免許取得はできず、代わりに中学、高校の英語の教員免許を取得しました。大学時代は海外に興味を持ち、イギリスやアメリカへの短期留学を経験。英語を話すことができれば、世界中の色々な人と友達になれ、色々な意見を聞くことができます。出身国は違っても、悩みを共有し、解消するために議論を重ねることができた経験は、その後の英語学習への大きなモチベーションとなりました。それ以外にも学生時代は、英会話教室に通い、検定試験に向けての学習も自分なりに頑張って取り組んだことを覚えています。

大学4年のとき、就職活動を前にしてバブル崩壊という、なんともタイミングの悪い経済情勢となってしまいました。「もっともっと海外で色々な体験をしたい」という気持ちが強かったため、航空会社や旅行会社などの就職試験にチャレンジしましたが、結果は不採用。せっかく勉強した英語も活かすことができずに就職活動を終えるのか、と、絶望感でいっぱいでした。ただ1つ内定をいただけたのは、子ども服の会社。高校時代から興味があり、バックなどの小物を購入して使っていたこともあり、とても馴染みのある素敵な会社でした。内定者として、アルバイトをさせていただくうちに、改めて自分の将来について考え、やはり自分は海外で活躍してみたい、という気持ちが強くなり、内定を辞退。

その後、1年契約の英語教師として、実家近くの県立高校へ就職し、1年の間に海外勤務の職を探そうと考えました。それが17年に渡る教員生活のスタートだったのです。

「高校の英語教師として、高校生とうまくコミュニケーションが取れるか、先輩の先生方とはどうか」など、はじめは不安が大きかったのですが、地元の高校ということもあり、先生方の中にも生徒の中にも、PTAの方々の中にも、近所の顔馴染みの方がいてくださったおかげで、とても楽しい1年間を過ごすことができました。そして海外への夢を諦め、茨城県の正規教員になるための採用試験を受けたのです。

無事合格し、次年度より正規採用の教員として別の県立高校で勤務することに。勤務先は教育困難校と言われていた県立高校で、そこで出会ったのは学習意欲を失った生徒たちでした。それぞれ個性があり、一人ひとり良いところを持っている生徒たちでしたが、「どうせ自分なんか誰にも認めてもらえない」という気持ちを強く持っていました。その子たちに、なんとか自分の存在意義を見出させたい、という気持ちから、授業やホームルーム活動の中で色々な取り組みをしたことを覚えています。

その後、普通科と商業科を併設する学校に異動となります。今度は、検定試験取得を目標に掲げ、熱心に学習にも運動にも取り組む生徒たちに出会いました。野球や陸上・テニス・バスケなど、みんなそれぞれ打ち込むものがあり、羨ましくさえ思いました。インターハイで優勝する生徒もおり、そんな生徒と学べることを本当に誇らしく思ったものです。そしてその学び舎から羽ばたいて、夢を叶えていってくれることを期待しつつ、海外ホームステイなども企画し、引率をしたことも楽しい想い出です。

約17年間で、たくさんの生徒に出会い、本当にたくさんのことを学びました。このように色々な生徒と関わる中で、様々なバックグラウンドを持った生徒がどのような進路を選択し、その後どう生活していくのか、教師として心配でもあり、楽しみでもありました。


あなたの夢は何ですか?

幼少期のころに描いていた夢と現実の職業が今、違う場合もあるかもしれません。今、新しい夢があるかもしれません。「どうせ無理」と思わずに、一度立ち止まって考えてみてはいかがでしょうか。

夢を追いかけ、思いがけない形で実現へ

仕事で海外へ！　という、大学卒業当初の希望は、高校生を引率してのホームステイツアーで叶えられました。ロサンゼルス・ゴールドコースト・シドニー・パースなど、たくさんの高校にお世話になり、現地の先生方との打ち合わせやさよならパーティーでの日本文化の紹介など、生徒たちも学校では見せないようなキラキラした瞳で取り組んでいました。そんな生徒たちの姿を見るのが何より嬉しい瞬間です。

そのころ、同じ高校教師の主人と結婚し、幸運なことに子どもも2人授かりましたので、日々の生活はなかなかハード。私の両親や主人の両親にも、子どもの世話を頼まなければならないときも多く、悩みながら仕事や育児・家事をやりくりしていました。ホームステイの引率に、長女を連れて行って現地の保育園に預けたこともありますが、娘にとってもなかなか良い経験だったのではないかと思っています。

子どもたちは1歳のときから保育園に通い、素敵な先生方に恵まれ、楽しく生活していました。そんな様子を見て、私もまた幼いころからの夢を思い出すことが多くなったのです。息子の通う保育園の先生に、「これから保育士さんになりたいと思うんです」と相談

をしたこともあります。

2人目の子が産まれるため産休に入ったころ、市役所に勤めていた私の母が、早期退職をして子どもたちの世話を協力してくれると申し出てくれたのです。主人は部活を熱心に指導していたため、土日もほぼ家におりませんでしたし、私も部活の顧問になっていたため、土日も仕事のことがあり、母の申し出はとてもありがたく思いました。そんな母が、退職して半年ほど経ったころ、癌と診断されてしまいます。

その後手術を受け、なんとか日常生活はできるようになりましたが、3年ほど経ったある日、再発。母の想いや、私の幼いころからの夢、自身の子育てについてなど、色々なことが一度に頭の中で渦巻き出しました。悩んだ結果、教師としての仕事に一区切りをつけ、退職することを決意。娘が10歳、息子が3歳、私が39歳のときでした。

少しゆっくり家族との時間を過ごしながらこれからの自分について考えた結果、やはり小さい子どもたちと触れ合う仕事がしたいという想いが強くなり、さらには「できたら英語も活かしたい」と思い、市内のインターナショナルスクール数ヵ所に電話。求人情報を探しましたが、どこのスクールも求人はしていない状況でした。

色々と調べていくうちに、あるスクールが水戸での開校にあたり、オーナーを募集しているということを知り、問い合わせをして代表の方に私の経歴を話したところ、ぜひお会いしたいと言っていただけたのです。

オーナーになる、などということは頭に全くありませんでしたので、半信半疑のまま、お話をさせていただいたのを覚えています。代表の方、そして代表のお父様で長く英語教育に携わっている先生から色々お話を聞くうちに、改めて日本の英語教育について深く考えさせられ、これまで長く行ってきた自身の英語教育についても、良かったところ、悪かったところ、また、日本の英語教育の課題もクリアになってきました。

ビジネスとして、たくさん生徒を集めて成功することだけを推し進めるのではなく、英語教育をするだけでもなく、0歳から幼児期の教育で大切なことをたくさん学ぶことができる理想的な幼児教育の場を、是非とも水戸で築き上げたいと強く感じ、スクールを立ち上げることを決心したのです。

思いがけない形で夢が実現しようとしている段階で、迷っているときに背中を押してくれたのは、主人の母でした。いつも明るく前向きな義母には、心から感謝しています。一歩踏み出す勇気があれば、何歳からでも夢は再び追いかけられるのではないでしょうか。

スクール開校と東日本大震災

　大学を卒業してから勤務先は公立高校でしたので、ビジネスのこと、ましてや起業する方法の知識はゼロ。ラーニングネットワークの代表である加藤さんをはじめ、お父様の加藤先生やスタッフのみなさんにご指導いただき、融資の申請やテナント選定・スクールのデザイン・カリキュラムの学習・スタッフ雇用など、すべて短期間のうちに習得していきました。準備期間約5ヵ月。教師の退職金は全て開業資金に充てました。

　準備段階で、クリエイティブカリキュラムというアメリカで高い評価を得ているカリキュラムについては、できるだけ深く知りたいと思い、２０１０年11月、アメリカ、アナハイムで開催されたＮＡＥＹＣ（National Association for the Education of Young Children）、全米幼児教育協会のカンファレンスに参加。クリエイティブカリキュラムを作成したダイアン・ドッジ氏にもお会いし、様々なセミナーを通して知識を深められたことは、現在でもスクールで展開しているレッスンの核となっています。

　また、レッスンで主に使用する教育用音楽ＣＤを作成する会社の代表やアーティストの方々ともお話しでき、子どもたちと楽しんでいる歌やダンスをつくってくれた方々の想いも、心に刻むことができました。いつのころからか、私は「できるだけ本物に触れたい」というこだわりがあったため、アメリカに赴き、世界中から集まった幼稚園や保育園の先生方と交流を持ち、実際にそのカリキュラムを取り入れている園の先生方のお話を聞くことができたのも貴重な財産となりましたし、今後行っていく教育活動について、確固たる自信を得ることができました。

そして、２０１１年2月17日にプレイグループ水戸校を開校。開校にあたり、地元の新聞にもインタビュー記事と写真が掲載され、また、地元のラジオ番組にも取り上げていただきました。気になったのは、元教え子たちの反応です。教員としての人生を全うせず退職し、違う職に就いてしまったことが、教え子たちにとって残念なことになってしまうのではないか、という危惧がありました。ところが、ラジオ放送の直後に、「さすが俺らの担任！　かっこいいじゃん。いま営業車でラジオ聴いていたよ！」と、社会人になった教え子からメッセージをもらったのです。心の底から嬉しく思いました。

しかし、すべてが順調にはいかず、開校して1ヵ月も経たない3月11日。幼稚園生のクラスを準備しているときに、東日本大震災が発生。教室の棚の上の物が全て落ち、綺麗に整えたクラスルームがめちゃくちゃになってしまいました。しばらく電気が使えず、近辺の小学校や幼稚園はその後ずっと休みとなり、加えて、放射能の影響が未知数であったことから、外出も制限。入会してくれた子どもたちも、しばらく通えない状況となってしまいました。その後保護者の方々と連絡を取らせていただく中で、「幼稚園にも行けず外でも遊べず子どもたちが家で時間を持て余しており、ストレスが溜まっている」とご相談を受けたのです。ちょうど、震災から1週間経ったころでした。幸い電気も水道も復旧していたためスクールを再開することにし、スクールの生徒以外でも、幼稚園や保育園に行けず困っている子たちを受け入れて、教室でお預かりすることにしました。広い教室でたくさんのおもちゃを手にし、生き生きと遊ぶ子どもたちを見て、私たちもとても心が和んだことを覚えています。その後、新年度を迎えますが、夏休みまではなかなか状況が好転せず、入会する子どもたちも少ないまま。8月の終わりには運転資金も底をつきました。

通常の開校でも夏頃にはオーナーは体調を崩す、と聞いていたのですが、その理由がわかりました。それに加えて、震災の影響。状況がさらに厳しかったのは当然のことです。

しかし、その後なんとか少しずつ入会者が増え、11月に入るころには少し気持ちにも余裕が出てきました。その報告ができて間もなく、母は天国へと旅立ちました。夢を叶えつつある私の姿を見てもらえたことは、今でも本当によかったと思っています。

夢を叶えるには困難も多く、そこで立ち止まってしまいそうになるかもしれませんが、諦めずに前に進めば、必ず結果はついてくるということを、改めて実感したのです。

子どもたちのためにこれから私ができること

それから約12年、周りのスタッフにも恵まれ、毎日楽しくスクールで子どもたちと色々なことを学んでいます。２０１４年には、つくばの自宅近くにモンテッソーリ教育を取り入れたプリスクールも開校。もちろん大変なこともありますが、何より、可愛い子どもたちと毎日触れ合えることに感謝をしつつ、日々過ごしています。スクールに毎週通ってくれる子どもたち、また支えてくださる保護者の方々に、なるべくたくさんの感動体験を提供したいと考え、未就園児対象の親子遠足や幼稚園児以上対象の遠足・一泊で夏休みの研究所巡り・ロサンゼルスへ10日間のＵＣＬＡサマーキャンプなど、たくさんの校外活動も実施してきました。

自分自身の知識のブラッシュアップも常に必要と考え、アメリカでのカンファレンス参加や、幼児教育の勉強をさらに深めるため、ロンドンのマリアモンテッソーリインスティテュートにて、0〜3歳ＡＭＩモンテッソーリ教師アシスタントの講習を受け、サティフィケートを取得。ロンドンでの講習は、ヨーロッパを中心に、世界各国から参加する幼稚園や保育園の先生方と共に学びを深めることができ、非常に有意義な時間を過ごしました。

また、3年前に保育士の資格も取り、またひとつ夢の実現に役立つことになりそうです。特に保育士の資格試験にあたっては50歳目前での受験でしたので、記憶力の衰えもあり不安でしたが、なんとか1年で合格することができました。何歳になっても、やる気と地道な努力で、なんとかなるものだと実感した出来事です。

保育士の資格は、高校卒業時から欲しかったため、実に30年越しの実現！　1年間の勉強でそれが実現するなら、もっと早くチャレンジすべきだったと思います。若ければ若いだけチャンスは無限大ですし、歳を重ねてからでも、挑戦し続ければ叶います。

さて、50歳を過ぎた今、これからどのように人生を過ごしていくか。39歳で夢実現のために漕ぎ出した船は、震災やコロナ禍など、大きな波をいくつか越えてきましたので、これからも沈むことなく漕ぎ続けていこうと思います。もちろん周りで支えてくれる家族や、スタッフへの感謝は忘れずに。

私たちのスクールは、「常に皆がハッピーでなくてはならない」を掲げ、そのことはスタッフにも常に伝えています。疑問や悩みは皆で解決しつつ、日々の教育活動に取り組んでいます。高校教師時代は生徒が3年で入れ替わりましたので、その度に寂しい思いをしていましたが、今のスクールは最長12年在籍できますし、小学校6年生で卒業しても、その後の英検や受験指導、また留学サポートなどは引き続きさせていただいています。高校生になったら夏休みなどにボランティアティーチャーとしてスクールに来てもらい、また、大学生になったらアルバイトでアシスタントティーチャーとして勤務していただくこともできます。そしてその子たちが結婚して赤ちゃんが産まれたら、またスクールに通っていただけます。つまり、一生関わることができるんです。人生に寄り添える存在でありたいと考えています。

また、子どもたちには、なるべくたくさんの本物に触れてもらいたいので、海外に連れて行く機会をたくさんつくりたいと考えています。大谷翔平選手や八村塁選手のように、海外で活躍する選手を間近で観るチャンスも、とても大切です。英語を話せるだけでは、世界で活躍できません。日本人のアイデンティティも大切に育みながら、世界を舞台に活躍できる子どもたちの教育、そして、みんなの夢実現に向けて、世界基準のカリキュラムで、これからも全力で取り組んでいきたいと思います。

何歳になっても、スタートすれば夢に近づけます。あなたは10年後、どんな自分でありたいですか？　ぜひ、夢に向かって一歩踏み出してみてください。

あなたへのメッセージ

10年後、どんな自分でありたいですか?
何歳になっても、
スタートすれば夢に近づけます。

木村かおりさんへの
お問合わせはコチラ

子どものアトピー性皮膚炎をきっかけでサロン開業!生きづらい人生から抜け出すための自分との向き合い方

ソリジェ 代表
フェイシャルエステサロン運営
後藤美知子

1974年、千葉県出身。高校卒業後、13年勤務していた会社を退社し、結婚。2人の子どものアトピー性皮膚炎が酷く悩んでいたときに、求人広告を見て化粧品会社と出会う。サロンスタッフを経て、現在サロンオーナーとしてスタッフ4名を雇い、経営中。3年前に、傘下のエステサロンがオープン。

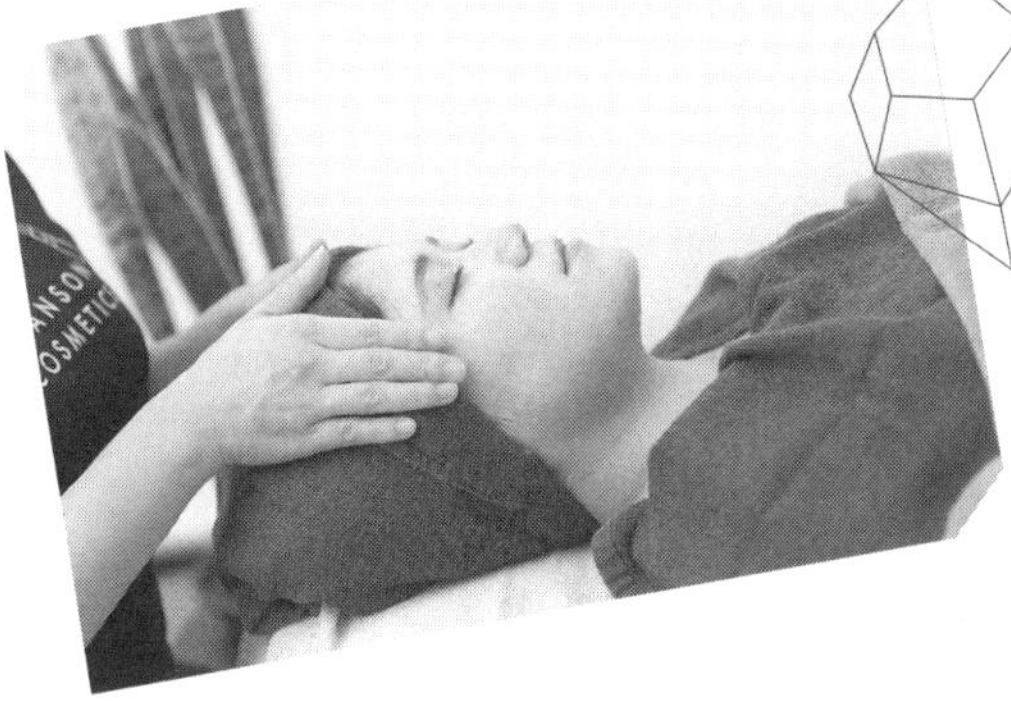

1日のスケジュール

5:30 起床・お弁当づくり
7:45 サロン出社
9:00 お客様来店
19:00 サロン片付け
19:30 帰宅し夕食
23:30 お風呂・家事
24:00 ひとり時間を楽しむ
25:30 就寝

自分の心の声に怖がらない

20代のころから、「好きなことを仕事にしている人はこの世の中一握りで、みんな生活のために働いているのだろう」と思っており、働くことに意欲は持っていませんでした。趣味もないし、楽しみといったら友達と飲みに行くか旅行くらい。唯一好きなことは、化粧品とエステでした。

結婚して子どもを育て、歳を取り、人生が終わっていく……そういうものだと思っていた私は、結婚して子どもを産み、想定通りの人生を送っていました。

そんな中、当時2歳だった娘のアトピー性皮膚炎が酷くなり、見ているだけでも痛々しく、普通の綺麗なお肌に産んであげられなかった自分を責めて苦しんでいました。

ある日、ふと見た求人広告で、「エステ未経験者歓迎」という文字に、メイクやエステが大好きだったころのことを思い出し、心の奥の方で、ワクっとした感情を感じたのです。「ひょっとしたら、娘のお肌も良くなるかもしれない」一筋の光が見えたような気持ちで面接を受け、働くことになったのです。

そこで出会った素敵なオーナーの下で、エステやメイクの仕方や商品勉強・営業力などを学びました。

ある日、本社の勉強会で娘のアトピー性皮膚炎のことを相談してみると、「まずは、洗顔フォームを腕に塗布しパッチテストをして、炎症反応がなければお顔を洗ってみてください」と言われ、実践。数分後、お顔の赤みが嘘のようになくなり、白いお肌になったのです。今まで、アトピー性皮膚炎に良いと言われる物を色々と試してきたため、「今回も変わらないだろう」と思っていたこともあり、驚愕でした。娘に合う基礎化粧品を見つけることができたことと、今まで責めて苦しんでいた自分から解放されたことが嬉しく、一生の仕事にしよう、と決めたのです。


好きなことを仕事にしていると時間はあっという間で、毎日が楽しく過ぎていきます。結婚すると子育てや家事をする必要があり、妻・嫁・母と女性は、色々な顔を持っている中で、一番大切なのは、「私」なのだと思います。自分を疎かにしたり、構ってあげたりしないと満たされず、不満が生まれ、周りが悪いと嘆く結果に。本当の自分の心の声が聞こえなくなり、何が好きで、何をしたいのかさえ、他人の意見に流されてしまいます。

では、どうすればそのことに気がつくのでしょうか？　それは、自分よりも人生を楽しんでいる人に出会うことが一番です。私は、娘のアトピー性皮膚炎をきっかけに、化粧品会社と素敵なオーナーに出会い、人生に鮮やかな色が付き、好転していきました。

　家族の協力もあり、お客様も16名に増えたころ、会社から「オーナーになれば海外研修もあるので、さらにやりがいが増える。オーナー契約しませんか?」というお話をいただきました。起業なんて考えていなかった私は本当にビックリして「できるのかな?」と一瞬不安を感じましたが、一方でまた、ワクっとした感情も生まれ、「一度の人生! チャレンジだ!」と、やらずに後悔するくらいならば、やってダメならやめればいいと覚悟を決めたのです。

　あなたも、自分の心の声を聞いてみてください。まずは、目の前にあることを丁寧に誠実に生きる。その上で、自分の心の声を聞き、怖がらずに行動することで、大きなチャンスがやって来るのです。

赤字経営から脱却した自分と向き合う方法

36歳で、自宅サロン開業。お客様は16名。スタッフを入れたのですが、どうやってサロン経営をすればいいのか全くわかりません。「オーナー」という響きに酔っていただけの現実は、赤字。どん底な毎日が続きます。

悶々とした気持ちで、赤字を抱え、2年、3年が過ぎ「苦しい。辞めようか。でも、好きな仕事だから手放せない」そんな罪悪感で自分が嫌いになり、死にたくなったこともありました。

しかし、お客様の笑顔や優しい言葉で心が救われ「私は、どう生きたいの?」と、もう一度心の中をリセットしようと考えたのです。まず、ノートに自分の嫌いなところと好きなところを書き出しました。メリット、デメリットを見つけ改善できることは何か? どうしたら、自分が毎日気持ち良く過ごせるのか? とことん、自分の内面と向き合い、書き出すことで、自分の思い癖や行動と感情の不一致があったことに気づきます。

私は、幼いころから自分の気持ちが言えず、周りの顔色を見て、人に合わせて生きてきました。「私が我慢することで物事がスムーズに流れるならその方がいい。人に嫌われるくらいなら何も言わないでおこう」と。

自分と向き合うことで、今まで、こんなに苦しい生き方を選んできたんだと気づき、「よく頑張ってきたよ。偉いよ！」と、自分を褒めたら、感情があふれ、涙が止まらなくなりました。今までの自分に感謝し、「これからは我慢せずに、自分のやりたいこと、好きなことを選んでいいよ」と自分自身に伝えたのです。

例えば、ケーキを選ぶときに食べたいケーキが2つあったとしたら、1つに決めずに2つ買う。昔、「1つ選びなさい」と教わってきたから、癖で1つ選んでいたけれど、自分が買うのだから2つ買ってもいいよ、と許容しました。好きなケーキを2つ食べてみると満足し、気分が上がったのです。

このように、嫌いな自分に向き合い、「大丈夫だよ」と許容していったところ、ある答えに辿り着きました。「人が好きで、人の幸せな笑顔を見ることが好き。つまり、幸せになるお手伝いができることが、私の生きがいなんだ！」ということに。

これに辿り着いた瞬間、心の中に風が吹き、覚悟が決まりました。人生をかけて、たくさんの人のお肌と心を整えよう、と。

目指すことが決まり、自分を信じたところ、また運気が好転し廻り始めたのです。お客様やスタッフ・家族に助けられ、気がつくとお客様は100名超え。営業担当者から、「テナント出店しませんか?」と、次なるチャレンジがやってきました。

あなたも、もし人生に生きづらさを感じているのであれば、まずはノートに書き出し、自分と向き合ってみてください。今まで、蓋をしていた感情に触れることで本当の自分に出会い、生き方が変わってくるかもしれません。

テナント出店による恐怖心

41歳で、夢のテナントサロンを出店することになりました。ワクワクと同時に不安や恐れ、お金の心配が尽きません。今までで一番の恐怖です。言葉にするなら、岸壁に仁王立ちして向かい風を浴び、ひとりで立ち向かう感覚。

初めて銀行から開業資金を借り、テナントの内装など色々と揃えながらも、心の中は「どうしよう。失敗したら、借金だけ残り周りに迷惑をかけてしまう」と、怖くてたまらない気持ちが消えません。

プレッシャーの中で、仕事の考え方や思考が落ち着かないという気持ちと行動の不一致が起こります。周りの期待に押しつぶされそうになりながらも、潜在意識はワクワクしていますし、「ここまで来たら、もう逃げられない」という気持ちもありました。

「自分の意識開拓だ！　全ての流れに任せよう」と、がむしゃらに働こうと決意。経営の仕組みが分からなかった当時の私は、営業担当者と意見の食い違いでケンカしながらも、経営の仕組みを叩き込んでもらったおかげで、ロジカルに目標設定ができるようになりました。

1ヵ月の目標を細かく立て、1年後・3年後・5年後のなりたい自分を書き出し、やるべきことやりたいことを自分の中に落とし込んでいったのです。目標から行動に落とし込み、ポスティングやチラシ配り、サロンでのキャンペーンや新しいスタッフ育成などをしていきました。「大丈夫！ 私はできる。やれる！ 今、見ている世界から抜け出したら、何かある」と、自分を信じて行動し続けたのです。

テナントをオープンすることには、既存のお客様も喜んでくださり、サロンオープン時にはたくさんのお花をいただいたり、スタッフもお友達を連れて来てくれたり、家族も家事を手伝ってくれたりして、みんなに応援してもらうことができました。ひとつひとつ、丁寧に日々の仕事をこなしているうちに、恐怖心や不安がなくなり、気持ちがスッと楽になったのです。「テナントに移転してよかったな」と、心から思えました。

テナントに移転したメリットは、お客様もお店に来ている感覚になったり、チラシで新規のお客様が増えたりしたことです。気がつくとスタッフは3人になり、活気のあるサロンになっていました。

コツコツと一生懸命に、人のため、世のため、自分のために努力を惜しまなければ、見たことのない世界や華やかな世界が広がります。私はいつの間にか、1000人以上の前で、代表で信条を読み、表彰台の上に立っていました。

結果の差は、行動の差。迷わず感じたまま生きることの大切さに気づき、みなさんのおかげでこの舞台に立たせていただいているのだと思うと感謝が溢れ、涙が止まりませんでした。「苦しかったけれど、この幸せな景色が待っていてくれたんだ。諦めないで、突き進んできて、本当に良かった」と。

あなたも、最後まで諦めず覚悟を決めて、時間がかかっても、ゴールまでのプロセスを楽しんでみてください。想像以上の現実が待っています。

人生一度きり！　やりたいことは何ですか？

44歳のときに、母がくも膜下出血で倒れ、半年後に亡くなりました。亡くなった日もお客様が入っていたので、一度サロンに出勤。きっと母なら、「お客様を大事にしなさい」と言うと思ったので、泣きながら仕事をしました。

母の死によって「人は、必ず死ぬ」ということを実感します。母は生前「私の夢は、自分の夢」と言っていました。寛大な心を持っている母は、いつもどんなときも、私の応援をしてくれました。きっと今も、そばで応援し、導いてくれているのだと思います。

母の死を機に「やりたいことは、全てやろう」と決意。今、この瞬間を大事にして素直でいようと決めた直後、新型コロナウイルスが流行します。

感染症拡大によってサロンがストップしてしまい、お客様の足も遠のき、またもや大ピンチが訪れました。「どうしよう。毎月のお支払いもあるし、スタッフの生活も守らなくてはいけない」また恐れが生まれ、怖くてたまらない気持ちが消えません。お店も休みだから何をすればいいのかも分からず、とりあえず自分の気持ちを整えようと思いました。

好きな神社に行ってエネルギーチャージをしたり、美味しいコーヒーを飲んで、まったりしていると、恐れていた気持ちが少し落ち着いてきたのです。「この仕事が何よりも好きで大切な場所だから、お客様やスタッフにもそんな場所であってほしい。みんなの癒しの場にしよう」という想いに辿り着きました。

マスク生活でお肌と心が疲れている中、心もお肌もオープンにできて、安全で居心地の良い癒し場所をつくろう！　と決め、サロンの除菌やスタッフの検温・換気を徹底。お客様全員にハガキやライン・メールで安全性を伝えていくうちに、少しずつお客様が来てくれるようになり、いつもの賑やかなサロンに戻ってきたのです。新しいお客様も来てくださるようになり、みんなの笑顔が戻ってきました。

諦めずにコツコツ続けることで、自分の道は大きく変わり、心の豊かさが溢れる現実になります。

これからも、たくさんの女性を癒し、お肌と心と体を整え、お客様の人生が豊かになるよう関わっていきたいと思います。

今回、Ｒａｓｈｉｓａ出版に出会い、苦手な文章執筆に挑戦してみました。改めて、書くことで今までの自分と向き合うことができ、これからの夢ができたのです。これからの夢は広いテナントへの移転。さらに、全国の自宅サロンやテナントサロンを経営している女性、これから美容に携わっていきたいと考えている女性を応援したい！　ということです。私のこれまでの経験に共感してくれる女性と出会い、サロンビジネスのお手伝いをしていくという新たな夢を、私はこれから実現していきます。

また、２０２３年２月から、ゆねのたねネットラジオで、パーソナリティとしてデビューします。番組名は、【みちこのズバリ言うわよ】です。（毎週火曜日 朝８時スタート）心をオープンに色んなことを、感じたまま伝えていこうと思います。一緒に夢を語ったり、地域の自営業の方をゲストに呼んだり、ご縁・応援・貢献をし、人と人とを繋げていくという新たなる挑戦に臨みます！

最後に……

「できない」とか「お金がない」とか「時間がない」とか年齢が「若くない」とか、「ない」にフォーカスするのではなく、今あることにフォーカスして今を感じ、本当の自分と向き合ってみてください。何が好きで、何が嫌いなのか？　本当は、どうしたいか？　自分との対話から、始めてみてください。頭で考えて心で感じて即行動に移すことで、現実が変わり始めます。行動すると出会う人が増え、応援してくれる人も増えて自分が知らなかった世界が広がります。

人生は一度きり！　思いっきり楽しみましょう。

読んでくださり、ありがとうございました。何か感じていただけたら嬉しいです。ぜひ一度、私に会いに来てくださいね。

あなたへのメッセージ

今の感情をノートに書き出し、
自分と向き合ってみてください。
今まで、蓋をしていた感情に触れることで
本当の自分に出会い、
生き方が変わってくるかもしれません。

後藤美知子さんへの
お問合わせはコチラ

趣味が仕事になったハンドメイド起業！自分らしい働き方を実現するための心得7ヵ条

株式会社マザーソリューション
代表取締役
育児グッズ企画、開発、製作、販売

齋藤祐子

1981年、福島県出身。小学生のころから夢だったアナウンサーの職に就くも、結婚・妊娠を機に引退し専業主婦に。妊娠中にハマったハンドメイドで起業し、2019年秋には楽天市場に「子育てママの店アトリエ amane」を出店。子育て経験を元に作りだしたアイテムはSNSで話題となり、テレビ・新聞・Yahoo!ニュースなどでも取り上げられている。

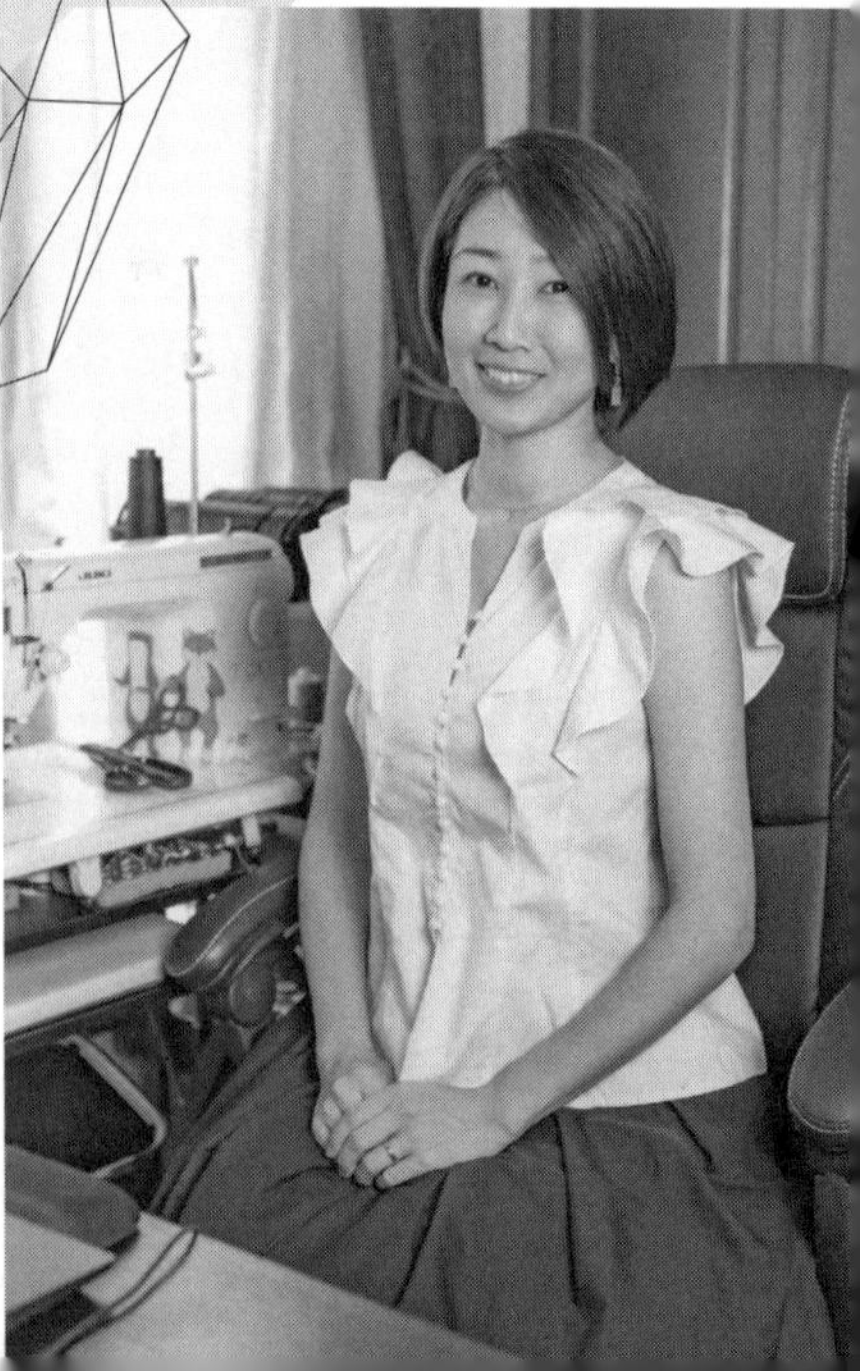

1日のスケジュール

6:40 起床・朝食・子ども達を送り出す

8:00 注文チェック・お問い合わせ対応

8:30 縫製

13:00 オンラインセミナー参加

15:00 縫製

17:00 商品発送後、事務作業

18:00 夫・子どもたちが帰宅

19:00 夕食・お風呂

21:20 寝かしつけ

22:00 事務作業と翌日の準備・お礼状書き

2:00 就寝

夢を叶えた先に見えた現実

アナウンサーになりたい。それが幼少期からの私の夢でした。「声が可愛いね」「音読が上手だね」幼少期にかけられたそんな誉め言葉が嬉しくて、「声の仕事をしたい」と、ずっと思っていたのです。

大人になり、私は幸運にもその夢を叶えることができました。アナウンサーとして働く日々は忙しいけれど刺激と充実感に満ち溢れ、毎日が青春時代と言っても過言ではないほど楽しい日々。しかし、そんな日々を過ごしながらも、「好き」と「できる」「向いている」は違う、という現実にぶち当たります。

アナウンスが好きで、人より少しだけ上手にしゃべることはできましたが、いざプロの世界に入ってみれば、私よりすごい人は山のようにいて、私はその方々の足元にも及びません。周囲に追い付こうとどれだけ努力しても、他の方々の持って生まれたオーラや才能には百年経っても勝てる気がしないほど、そこはとてつもなく優秀でデキる人たちが集まっていたのです。

この業界には、「帯番組を持っている人間は、春までは勤め上げる」という暗黙のルールがあります。29歳で結婚をした私は、このまま仕事を続けるのか、一線を退き母になるかの二択を迫られました。

どうしようかと悩んでいるころに、一度目の妊娠が発覚。予想外でしたが、このタイミングならば春までは勤められる！　と思った矢先、「絶対安静」を言い渡されます。

番組に穴を開けてしまう申し訳なさ、だけど何としても守りたい命。結果、赤ちゃんは流産となってしまい、この先どうしていこうかと悲しみに暮れながら仕事復帰をした日、女性上司から掛けられた言葉が、その先の私の人生を変えることになりました。

「申し訳ないなんてことはない。あなたの身体が一番大事。私は産めなかった。まだ産めるなら、遠慮なく産みなさい。自分を第一に考えなさい」

この言葉をきっかけに私は引退を決意し、妊活をしながら専業主婦になることを決めたのです。それから間もなく2人目の赤ちゃんを授かった私は、「子どものために、おくるみくらいは縫ってあげたい」と思い、結婚祝いで頂いたミシンを引っ張り出しました。手芸は比較的得意だという自負があったものの、なぜでしょう。生地が進みません。全く縫えないのです。ミシンを止めて生地の裏を見てみたら、植毛状態！　ベビーグッズを作る気満々で可愛い生地をたくさん買ってきたのに、悔しい。これはミシンが悪いのでは？

と1ヵ月クローゼットで寝かせてみたけれど、寝かせて機械が直るわけがありません（そもそもミシンが悪いのではなく私の裁縫技術の問題）。絶対に作り上げてやる！　という私の闘志に火が付きました。

それ以降私は、1年365日のうち360日はミシンを踏んでいるような生活を10年以上続けています（笑）。まさか、直線縫いすらまともにできなかった私が、楽天にハンドメイドのお店を出す日が来るなんて、あのころは誰が想像できたでしょう？

人生って何が起こるか分かりません。

「好きこそものの上手なれ」という言葉がありますが、好きを突き詰めて「プロ」になることは意外と難しくないのかもしれません。本当に大切なのはその先で、「継続は力なり」という言葉の通り、それをずっと続けていき、本当の力をつけ、成長し続けていけるかどうか。そして、それを心から楽しんでいけるかどうかがポイントなのだと思います。

もし、あなたが「好き」を仕事にしたいと思える何かがあるのなら、それを楽しみながら続けてみてはいかがでしょうか。

趣味を仕事にしようと決めた日

ハンドメイドを始めた当時、私はブログに匿名で妊娠記録を綴っていました。そこに日々作ったベビーグッズをアップしていたところ、ネットでつながったママたちから「売ってほしい」「どこで買えるのか」というお問い合わせを多数いただくようになったのです。そのような周囲の後押しを受け、ハンドメイド品の販売を始めることにしました。

当時、ハンドメイドサイトが次々と立ち上がってきたころで、作家人口もまだまだ少なく「注目のクリエイター」として度々取り上げていただいたことが追い風となり、比較的順調に作家人生をスタートさせることができました。

アナウンサー時代は人から「スゴイ」と褒められても、バックグラウンドに対する誉め言葉のように感じてしまい、その言葉を素直に受け取ることができませんでした。しかし、ハンドメイドの世界では、買う人は私がどこの誰なのか知りません。写真で見たその作品の良し悪しを評価して選び、「素敵だ」と褒めてくださいます。お客様からいただくレビューの星の数は私に心からの喜びと自信を与え、そんな日々を過ごすにつれ「これを一生の仕事にしたい」と思うようになっていきました。

そのころには子どもがもう1人増え、幼児2人を抱えながら自宅で仕事をするというのは、「大変」の一言では表せないほどの忙しさ。1分間に「ママ」と呼ぶ回数でギネス記録を出せそうな「かまってちゃん」の子どもたち。昼間は、ほとんど仕事になりません。遊びに夢中になっている隙に、パソコンを破壊されないよう設けた柵の中でせっせと事務作業をこなしました。お昼寝もほとんどしてくれない子たちだったので、子どもたちが保育園に入るまでは、夜の寝かしつけをしてから朝方までが私の仕事時間。若かったこともありますが、何より「楽しい」という気持ちが、私の頑張る原動力でした。

そんなある日、「ａｍａｎｅさん（私の作家ネーム）の商品にそっくりなものが売られている」と、お客様から写真が送られてきたのです。作った私でも拡大しなければ分からないほど細部までそっくりに作られたその商品は、私の商品よりかなり安く販売されていました。

「そうか、最近売れなくなったのは、そういうことだったのか」

ハンドメイドの世界ではそんなことは日常茶飯事で、人気が出た途端に次々模倣品が現れます。次第に私はその問題に向き合うことに疲れ始め、もうハンドメイドの世界から離れたいと思うようになっていきました。

そのころにはハンドメイド作家人口は当初の何百倍にも膨れ上がり、その中で勝ち抜いていくことはとても難しいと感じたことと、夫の転勤で地元に戻って来られたこともあり、「ハンドメイドには区切りをつけて再就職でもしようか」と考えていました。そんなときに、楽天市場からスカウトの電話がかかってきたのです。

実は数年前から度々お電話はいただいていたのですが、子どもが幼いことや自信のなさから話も聞かずにお断りをしていました。しかし、その日の方はとても熱心で、色々調べ上げた私のショップの魅力を切々と語ってくださいました。

「今が転機なのかもしれない。どうせダメになるなら、挑戦してから諦めよう」そう思った私はその日のうちに夫に相談し、楽天市場への出店を決めたのでした。

2つの選択肢で迷ったとき、私はいつも「難しい方・諦めたら後悔するであろう方」にチャレンジするようにしています。自分に「きっかけ」や「チャンス」が与えられたならば、きっとそこにはわずかでも「見込み」があるのだろうと信じ、そこから先は自分の努力で切り拓こう！　そう思い、日々頑張っています。

趣味を仕事にするとぶち当たる現実

楽天に出店し、ようやく少しだけ慣れてきたかな？　というころ、世界を未知のウイルスが襲いました。世の中がマスク不足にあえいでいたある日、ニュース番組に映った西村大臣のマスクに一目惚れした私はそのカッコよさに興奮して夜も眠れず、見様見真似でそのマスクを作り上げ、楽天市場に出品したところ、すぐにデイリーランキング1位を獲得したのです。しかし、作り手は私ひとり。作れる数には限界があります。

「〇日20時に百個限定で発売します」と事前告知をし、1分経たずに完売する状態がしばらく続きました。そのたびに、「なぜ買えないのか！」「次はいつか？」という質問やクレームの嵐。お届け後には「届くのが遅い」と厳しいレビューをいただくことも。

まだ「趣味の延長気分」が抜け切れていなかった私にとって、手厳しいデビュー戦のようなその経験は、突然の「バズり」に対応できるだけのキャパシティが必要であることや、それを見越した材料調達の重要性など、様々なことを教えてくれたのでした。

そんな忙しさや厳しいレビューに泣きながらも、それでも続けようと思えたのは、たくさんのお客様からの感謝の声があったからです。その声にお応えしてもっと良いものにしたい、もっと喜ばれるものにしたいという気持ちが強かったから、続けてこられたのだと思います。そして、商品改良を続けた結果、マスクの評価は5点満点中4・97まで上がり、36％もの方がリピートしてくださるようになりました。

そんなマスク需要も落ち着き、これからどうしようかと思っていたところに、私が作ったキッズセーフティグッズを番組で取り上げたいというメールが届きました。朝のワイドショーで取り上げていただいたことがきっかけとなり、多くの方にグッズを知ってもらえ、じわじわとご注文数も増加。さらに、ＳＮＳやママ友さんの紹介など口コミで広がっていき、楽天のキッズセーフティグッズ部門で週間ランキング1位を獲得。ハンドメイドグッズとしては超異例の累計販売数1万点を超えるヒット商品になりました。

とはいえ、ショップを軌道に乗せるまでには、休めないし眠れない日々が続いていたので、安易にハンドメイドで起業することをおすすめはできません。

もし、あなたが本気でハンドメイドを仕事にしたいと考えているならば、自分の作品の「売り（魅力）」は何なのかを客観的に考えてみてください。大切なのは、他といかに「差別化」するか。「安いから売れる」のではなく「良いから売れる」ことが重要です。

また、販売にかかる経費も細かく書き出してみてください。販売価格から必要経費を抜いてみたら、実は全然稼げていなかったことに気づき愕然とする方もとても多いと思います。仕事は「やりがい」だけではできません。利益と自分が費やしている時間を天秤にかけ、それでも仕事にしたいと思えるかが重要です。

経理や広報の仕事もできなければいけません。楽天などに出店する場合、デザインやHTMLも勉強する必要があります。

モノ作りを楽しむはずが、それ以外の仕事が膨大に降りかかってきて、「こんなの聞いてなかったよ！」と何十回となく叫びたくなる！　それが「趣味を仕事にする」ということなのだと、私は後になって知りました（苦笑）。

それでも、私にとってこの仕事は「めちゃくちゃ楽しい！」これに尽きます。

「amaneのグッズに出逢えて良かった」「同封の手紙に励まされ、手帳に挟んでいます」など、お客様から日々いただく「感謝状」のようなレビューの数々に毎日感激し、たくさんのご注文をいただけることに感謝しながらミシンを踏む毎日です。

「モノ作りを仕事にして良かった」と思わない日は1日もないくらい、私はこの仕事が大好きです！

私の心得7ヵ条

最後に、私の仕事術やモットーなどをご紹介します。

【一：夫育て】

最初のころ、私の仕事は「趣味か内職」程度にしか思われておらず、共働きでも家事は完全に私の仕事でした。そこで男性の心理や特性を研究し、「今こんなことで困っている」「（具体的に）○○をしてもらえたら嬉しい」とお願いするようにしたら、意外とやってくれるではありませんか！　それをコツコツ10年続けた結果、今や我が家の家事9割・育児5割は夫の担当になりました。

【二：すぐにやる】

忙しいと「後で暇なときに」と考えがちですが、手帳にメモ→手帳を確認→また一から考え直す、これって相当時間の無駄です。やることができたら、すぐにやる！　どうしても後からやらなければいけないことは、アレクサ（ＡＩスピーカー）のリマインダーに任せましょう。

【三：やめない】

誰かに負けることよりも、自分に負けるのが嫌な体育会系人間です。一度決めたら、自分が納得できるレベルに達するまでは努力し続けます。

【四：仕事をしながら動画で学習】

学ばなければいけないこと・学びたいことが山のようにあるので、ミシンを踏みながらネット動画で学んでいます。最近は、カメラOFFで参加できるWEBセミナーも多く、本を読む時間がなくても様々なことを家にいながら学ぶことができるためおすすめです。

【五：仕事はWEBで完結】

やりとりはメールやLINE、ミーティングはZOOM、仕事の依頼や進捗状況の確認には、プロジェクトやタスク管理ツールを利用しています。

【六：やらずに後悔するならやる】

楽天への出店・法人化など、これまでいくつか大きな決断がありました。「やらないと後悔するかも」と少しでも思うなら、やってみる！　そこに僅かでも勝算があるならば、勝率を上げるために全力で努力をすれば、なんとかなるものです。

【七：目標を立てる】

月のはじめに、１日ごとのアクションプランや月間目標などをＥｘｃｅｌでまとめ、実際にどうだったのかも全て記録に残すようにしています。短期目標だけではなく、中期・長期の目標も書いておき常に振り返ることで、今、自分がどのあたりにいるのか、目標を達成するためには今何をすべきかが具体的に見えてきます。これを始めてから、目に見えて変化を感じ、成長を実感できるようになったため、おすすめです。

私の仕事術やモットーが少しでも参考になれば幸いです。

女性は、ライフステージに合わせて職を手放さなければならないことがあります。子育てが忙しい時期は仕事探しも大変です。でも、それは決してマイナスなことばかりではなく、新たなことにチャレンジするためのきっかけにもなると思うのです。

私の住む福島市では「子育てしながら仕事ができる働き方」や「趣味と仕事が両立でき

る自分らしい働き方」などを積極的に推進しています。時代の変化を嬉しく感じると同時に、私自身もその社会の一員として社会に貢献していきたいと考え、現在実行中です。

うちの会社にはスタッフが数名在籍しているのですが、子育てママが多いため「働く場所」や「働く時間」を制限していません。テレワークが可能なため、遠方に居住しているスタッフもおり、「できるときにできる場所で」仕事をしてもらっています。

スタッフはみんな、元々専門的な知識や能力があったわけではないのですが、「デザインが好き」「SNSに詳しい」「分析が得意」など、それぞれの趣味や特技を活かして「仕事」になり、「みんなで一緒に成長していこう」と心をひとつに頑張っています。

ひとりではできないことも、互いに補い合えば可能になり、それぞれが出し合う意見に刺激を受けながら、より仕事を楽しめるようになりました。

新たな一歩を踏み出すときには悩むこともあると思います。私も「夫が転勤族で来春どこに行くか分からない」「まだ子どもに手がかかる」などたくさん悩みましたが、そんな悩みがあったからこそ、今があります。「人生100年時代」と言いますよね。大変！これからの人生の方が長い！　それなら残りの人生、楽しんで過ごしませんか？　あなたのこれからの人生がより良いものになりますように。

あなたへのメッセージ

2つの選択肢で迷ったとき、
諦めたら後悔するほうに
チャレンジしてみることが大切。
自分にきっかけや
チャンスが与えられたならば、
きっとそこにはわずかでも
「見込み」がある！

齋藤祐子さんへの
お問合わせはコチラ

普通の主婦が難病を乗り越え47歳で起業！人気保育園ができあがるまでの開園物語

NPO法人ストロベリーフィールド
代表理事
保育園・児童発達支援運営
佐藤智子

1968年生まれ、東京都出身。幼児教育学科の短大卒業後、練馬区の私立幼稚園に10年間勤務。結婚を機に退職。その後、難病を乗り越えながら、ベビーマッサージ教室・ダンス教室・英語教室を運営。2016年ＮＰＯ法人を設立し「いちご保育園」（認可外保育園のちに企業主導型保育園に移行）立ち上げ後、３年で３つの保育園を次々に開園。現在は練馬区内に３園の保育園と板橋区内に児童発達支援を開園・運営している。

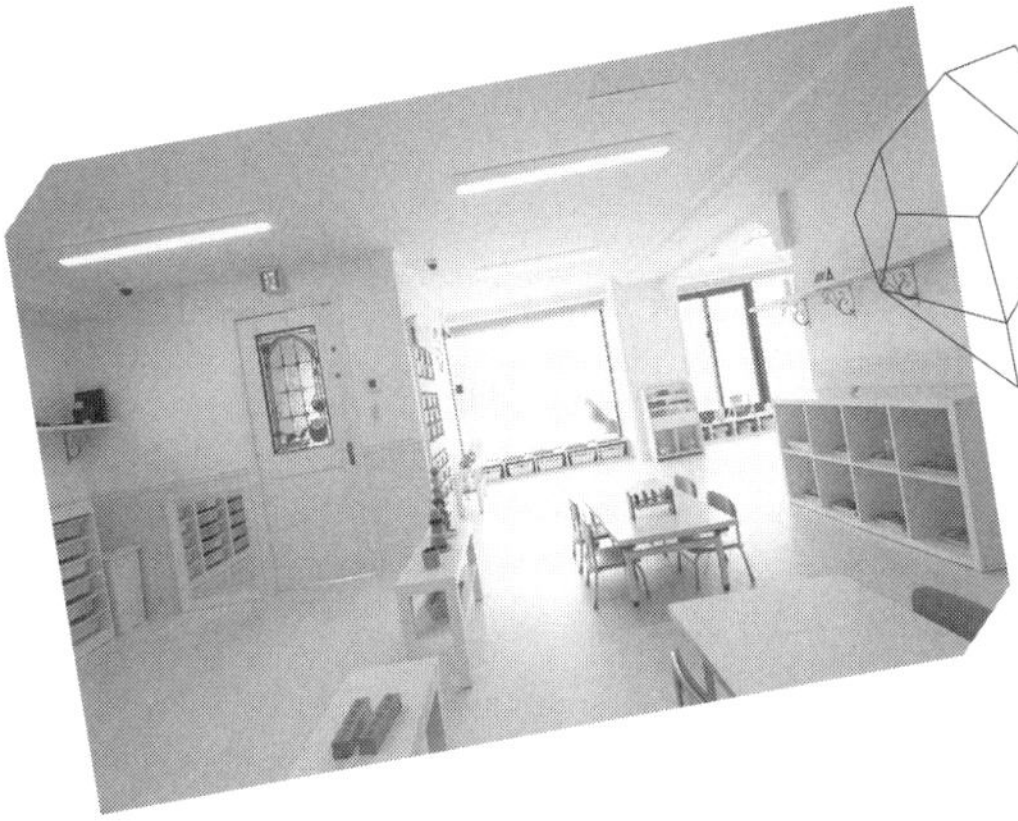

1日のスケジュール

7:00
起床
洗濯・身支度・犬の散歩

9:00
NPO法人事務所へ出勤
各園の連絡帳確認・保育・事務など

20:30
仕事終了

21:00
帰宅・夕食・入浴
1日の保育関係の
ニュースに目を通す
保育日誌など確認
・ホームページの改訂
・シフトチェックなど

24:00
就寝

行動に年齢や状況は関係なし

現在55歳、最初に起業したのは47歳のときでした。2016年4月にNPO法人を立ち上げ、認可外保育園（現在は企業主導型保育園）を開園。翌年2017年に小規模認可保育園を開園しました。そのまた翌年2018年に企業主導型保育園を開園後、2020年に移転し、現在は3園の保育園を運営しています。

そして2022年4月新たに、障害児を対象とした児童発達支援を開所しました。法人代表として、園長として、児童発達支援管理責任者として、日々3つの保育園と1つの児童発達支援を行ったり来たりしている毎日です。

さて、そんな忙しい毎日を送っている私ですが、起業するまでは、お料理やお菓子づくりが大好きな普通の主婦でした。

私は短大卒業後、小さいころからの夢だった幼稚園の先生になりました。幼稚園での勤務は「天職」と思えるくらい毎日が楽しくて、幼稚園の担任として10年間で約300人の子どもたちと関わってきたのですが、結婚を機に退職。その後は自分の子育てをしながら、ベビーマッサージを習得し、自宅でベビーマッサージ教室を始めました。

少しずつ利用者が増え始めてきたとき、主人が通勤途中にバイクで事故に遭ったのです。足を粉砕骨折するほどの大怪我でした。そんな状況の中ではベビーマッサージ教室を続けることができず、再開の見込みのないままお休みすることになりました。私が32歳、長男がまだ0歳のときのことです。

初めての育児と主人の入院が重なり、とても大変な日々が続きます。約半年間の入院と2年間に及ぶリハビリをしましたが、主人の足は障害者手帳を取得するほどの障害が残りました。その後娘が産まれ、家族4人の生活が始まります。

事故から数年後、主人が接骨院を開業することになり、一緒に開業準備を進めていた40歳のとき、今度は私が突然「慢性血栓塞栓性肺高血圧症」という難病を発症。すぐに手術となり、ICUの個室に1週間入院するほど命の危機に直面したのです。

ただ、そこまで危険な状態だったとは私自身全く知らされておらず、主人と子どもたちが朝から夕方まで毎日ICUの個室に来ておしゃべりしたり、子どもたちから絵や手紙をもらったりして穏やかに過ごしていました。

本来、ICUには子どもは入室できないし面会時間は30分間と決められていると後に知り、「いつ亡くなってもおかしくない状況だったから、特別に許可していたんだよ」と主治医から聞かされたときはビックリすると同時に、「生きていて良かった！」と心から思えた瞬間でした。生命力の強い私はその後順調に回復し、約1ヵ月間の入院生活を終え、退院後は定期的に通院しながら少しずつ元の生活に戻っていったのです。

子どもたちも大きくなり「英語を習いたい」「ダンスを習いたい」と、色々なことに興味を持ち始めます。主人の接骨院は開院したばかりで安定した収入もなく、私が主婦業と接骨院のお手伝いをしながら節約生活をしていたため、正直、習い事の月謝を払う余裕はありません。

そこで、「月謝を払うことができないなら、自分で始めれば月謝がかからない」と思い、英語が話せる友人とダンスができる友人に声をかけ、教室を始めることにしたのです。「こんなお教室があったらいいな」という理想の教室をつくるために、場所を探し、集客パンフレットをつくり、思いつくことは何でも形にしました。行動力だけは人一倍あったため、先のことは考えずに「とりあえずやってみよう」とすぐに行動に移したのです。

うまくいくときは何でもスムーズに事が進むし、うまくいかないときは、今はそのタイミングではないと常に考えるようにしていましたが、なぜかこのときは「きっとうまくいくだろうな」と根拠のない自信がありました。すると思った通り、生徒もどんどん増えていき、毎週のレッスンはもちろん、夏にはダンス合宿をし、ホールでの発表会や自治体のイベントなどにも出演して、さらに会員が増えていったのです。

しかし、とんとん拍子には進まないもので、春のイベントを控えたある日、バセドウ病を発症。再び、急遽入院をすることになりました。45歳のときです。「見るからに元気そう」と誰からも言われていましたし、子どものころから大きな病気をしたことがなかった私が、40歳を過ぎてから入退院を繰り返すことに。弱気になることもありました。

しかし、「悩んでいる時間がもったいない！　やりたいと思ったときがやるとき！」と気持ちを切り替えてさらに行動的になったことで、後に、法人立ち上げや保育園をつくることができました。

47歳という決して早くない起業。突然訪れた命の危機からの奮起を通して学んだことは、「何歳からでも、どんな状況からでも、ちょっとだけ勇気を出して行動すれば、できる」ということです。

ぜひ、あなたも一歩踏み出してみてください。タイミングが良ければ、きっとうまくいきます。「やりたい！」と思ったそのときに行動に移すことで、チャンスが掴めるかもしれません。

プラスのイメージはプラスに導く

「私もママと一緒に保育園で働きたい」私が保育園をつくるきっかけとなったのは、娘のこんな一言でした。娘が中学生、私が45歳のときのことです。

難病が落ち着いてきたころ、知り合いの保育園で保育士としてパート勤務を始めました。保育園での仕事は初めてでしたが、とても楽しくて毎日が新鮮。日々楽しそうに働いている私を見た、当時中学生だった娘が突然「私もママと一緒に保育園で働きたい」と言ってきたのです。この言葉は私にとって嬉しい一言であり、その後の私の人生をこんなに大きく変えることになるとは思ってもいませんでした。娘の一言が、ずっと私の頭の中に残っていて、いつしか「私の保育園をつくりたい」という想いに変わっていったのです。

英語やダンス教室の運営も落ち着いてきていたため、それらの運営を講師の先生に一任し、私は保育園をつくることに集中しました。保育園をつくるためには何が必要なのかノウハウがなかったため、一から必死に勉強です。行政に相談に行ったり、働いている友達にどんな保育園があったらいいか聞いたり、いくつもの保育園を見学したり、自分で必要だと思うことは何でもやりました。

英語やダンス教室をつくったときと同じように、「私だったら……こんな保育園があったら……」といった思いの詰まった保育園をつくろうと考えました。主人が事故に遭ったときに子どもを保育園に預けていたため、そのときのことを思い出しながら「こうだったら、もっといいのにな」と思う点を1つずつ挙げていきます。私にしかできないような【最高の保育園】をつくろうと思い始めたら、どんどんアイデアが出てきました。

保育園をつくるにあたり、高校のときからの友人も私の考えに賛同してくれ、一緒に立ち上げから関わってくれることに。今も、その友人は保育士として一緒に働いています。その他にも、私が幼稚園の先生をしていたときの教え子や実習生だった先生も、保育士として一緒に働いています。

初めての保育園運営は手探りながらも【最高の保育園】を目指し、日々みんなで話し合いながら保育をしました。1年目からたくさんの子どもたちが来てくれて、保育園の必要性を再確認した私は、3年で3つの保育園をつくるという目標を立てます。なぜ3年で3園だったかというと、ただ単に「3」という数字が好きだったからです（笑）。

その後、目標に向かって着々と、3年で3園の保育園を開園することができました。きっと、周りから見たら簡単に次から次へと保育園をつくっているように見えたかもしれません。決して簡単ではありませんでしたが、実際に自分の保育園をつくることはとても楽しくて、すべてが自分の味方で、うまくいくイメージだけで突き進んできたような気がします。

今、振り返ってみると、保育園をつくろうと思ったときには「引き寄せ」があったように思います。「保育園をつくりたい」と周りの人に話しただけで、「一緒に働きたい」という人が自然と増え、先生を集めることに苦労はしなかったし、協力してくれる人も何人もいました。園児も「集まるかな」という不安より「たくさん来たらなんて断ろう」と、考えていたくらいです。

それは、現実になりました。定員15人の枠に、なんと50人以上もの申し込み！　2年目には、なんと80人弱の申し込みがあり、朝日新聞の取材を受けて新聞に掲載されることもありました。余談になりますが、その日の新聞は母の誕生日の日付で、今では私の大切な宝物のひとつになっています。

何かを始めるとき、リスクを考えてマイナスなイメージを持つ人もいると思いますが、私が今まで経験してきて思うことは、思っている方に物事は進んでいく、ということです。だからマイナスなイメージをしていると物事もマイナスな方向に行ってしまう気がします。

自分がやりたいこと、思ったことを実現するためには、プラスのイメージを抱き続けることが大切です。タイミングが良ければ、思ったように事が進んでいきます。

あなたもやりたいことがあるのなら、まずは声に出してみてください。たくさんの人に言葉で伝えることによって、賛同してくれる人や協力してくれる人がきっと現れます。実際、今の私がそうです。さらに、プラスなイメージを持つことも大切です。プラスなイメージをすることを心掛ければ、これから先、きっとプラスなことが増えていくと思いますよ。

最高の保育園の築き方

【完全手ぶら保育とモンテッソーリ】これが、私が行きついた理想とする保育園です。

2年ほど前からモンテッソーリ教育を取り入れた保育を始めました。今までも「見守る保育」を実践していたため、保育の内容自体はあまり変わっていません。知り合いの方に私の保育がモンテッソーリみたいと言われたことがきっかけで、モンテッソーリについて勉強し、取り入れたのです。そうしたところ、今まで先生たちにうまく説明できなかったことがモンテッソーリの言葉を借りてうまく説明できるようになったり、言いたかったことがうまく伝わったりするようになりました。

これを統一していったことで、子どもたちの自立にも大きな変化がみられるように。できることが増えていったのです。今まで大人が「できない」と決めつけていたことは、子どもができないのではなく、やり方が分からないだけということに気がつきました。

さらに【完全手ぶら保育】を実践。「手ぶら保育」という言葉は保育業界ではよく聞く言葉です。しかし、私はただの手ぶら保育ではなく、【完全手ぶら保育】をやってみようと思いました。保護者は子どもと手をつないで登園するだけ、それだけです。帰りも、子どもと手をつないで帰るだけです。荷物は何一つ必要ありません。洋服もオムツもタオルもエプロンも手拭きもお昼寝用の寝具も、保育園で使うものはすべて園で用意します。

これは子どもの自立につながるんです。例えば、お着替えのとき、子どもはたくさんある洋服の中から自分で好きな洋服を選びます。自分で選んだ服のため、自分で着ようと頑張ります。もちろん最初から上手に着替えのできる子はほとんどいませんが、やり方を教えることと少しのお手伝いを毎日続けることで「できた！」が増え、子どももやる気になり、どんどん上手になっていくのです。

小さな子どもは色や柄に対して「男の子みたい」とか「女の子みたい」という発想は持っていません。大人が「男の子みたいだよ」などという言葉を言わなければ、子どもはいつまでも純粋に自分の好きなものを選びます。実際に、私の園の子どもたちは男の子が全身ピンクだったり、女の子が恐竜の服を着ていたりと様々です。でも誰ひとり、批判的な言葉をかけません。自分で自分の好きな服を選び、着ることができた子どものキラキラした笑顔が本当に素敵で、この瞬間が私や先生たちのモチベーションに繋がっている気がします。

子どものために始めた【完全手ぶら保育】ですが、結果的には保護者の負担が減るという「棚ぼた」効果も得られました。「保育園に子どもを預けている保護者は働いているから子どもを預けているのに、保育園に行くための準備に時間をかけるのはおかしい」と、ずっと思っていたことが解決できたのです。仕事で一緒にいる時間が少ないからこそ、帰ってきたら子どもと過ごす時間を大切にしてほしいと思っていました。

【完全手ぶら保育】によって、少しでも子どもと過ごす時間が増えたら親にとっても子どもにとっても、こんな幸せなことはないと思います。そのお手伝いができることは私にとっても、先生たちにとっても幸せなことです。

私の園の先生は現在31人。そのうち保育士は半数以上です。3園合わせても子どもは42人なので、先生の人数はかなり多い方だと思います。私は求人を出したことがありません。みんな私に「引き寄せ」られて集まってきてくれた先生たちです。辞める先生もほとんどいなくて、初期メンバーもほぼ全員残っています。

私が【最高の保育園】をつくりたくて、それに賛同してくれた先生たちがいるからこそ、今の素晴らしい保育園があるのだと思います。今は自信をもって「私の保育園は最高の保育園です！」と言えます。未来の子どもたちのためにも、これからもずっとみんなでいちご保育園を守り続けていきたいと思います。

主婦だって持病があったって夢は叶う

「これからの夢は?」と聞かれたら、あなたは何て答えるでしょうか。これまでの私の人生は、難病になったり主人が事故に遭ったりと大変なこともありましたが、今は好きな仕事ができて、素敵な家族や友人、一緒に働く先生たちに囲まれて、やりたいことが全部やれています。高校生のときから大好きだったアーティストのT・Kさんに「会いたい!」と周りに言っていたら、その中のひとりが会う機会をつくってくれ、実際に話をすることができました。「思い続けて言葉にすれば願いは叶う」と、改めて実感した出来事です。

さて、40歳のときに発症した難病ですが、毎年医療証申請のために検査をするのですが5年前くらいから検査結果が良すぎて医療証が発行されなくなりました。バセドウ病についても投薬もなく、再発もしていません。きっと、日々好きなことをして常にポジティブ思考でいることで、生き生きと過ごすことができ、健康も取り戻せたのでしょう。

物事を慎重に考えることとマイナスに考えることは違います。慎重さは持ちながら、プラスに考えることができたら、きっと素晴らしい結果が得られると思います。

夢を持ち続けること、こうなりたいと思ったら言葉にすること、そして夢が叶ったときの自分をイメージすることが大事です。何かを始めるとき、最初の一歩を踏み出すのを躊躇してしまうかもしれません。でも、勇気を出して踏み出してみてください。うまくいかなかったら、またやればいいんです。チャンスは一度きりではなく何度もあります。

もし、私が「これからのあなたの夢は？」と聞かれたら、こう答えます。「夢は叶うものだから私にとっては目標。だから夢ではなく目標を持ってそれに向かって進んでいきます。すべてやりたいことが叶ってしまった今、これから次の目標を考えていきます」と。

最後になりますが、私が今一番大切にしたいことは、当たり前の日々の生活です。当たり前の生活が続けられることこそがとても素晴らしいこと。これは病気になってつくづく感じました。今という一瞬は今しかありません。人生一度きりとよく言いますが、本当にその通り。やりたいことにチャレンジして後悔のない人生を送ってください。勇気を出して一歩踏み出してみてください。新しい人生が始まるかもしれませんよ！

「ママと一緒に保育園で働きたい」と言っていた娘も、彼女の夢が叶い、今年から保育士として私の保育園で一緒に働きます。彼女もやりたいことをずっと想いながら言葉にしてきた結果、夢が叶ったのだと思います。

普通の主婦だって、病気になったって、いくつになったって、夢は叶えられるんです。私にだってできたんですから！

あなたへのメッセージ

悩んでいる時間がもったいない！
何歳からでも、どんな状況からでも、
ちょっとだけ勇気を出して行動すれば、
できる！

佐藤智子さんへの
お問合わせはコチラ

数々の困難を乗り越えたことで気づいた本当の豊かさを手に入れるための考え方

株式会社ＡＳファクトリー 代表取締役
エステサロン運営

識名由美

沖縄県出身。数々のエステサロンを経験後2008年独立。完全個室に大型水槽を設置したアクアリウムセラピーを取り入れたエステサロン「You 海」を OPEN。沖縄独自のエステティック・ノウハウを構築し、フェイシャル技術部門全国1位を獲得。同大会で顧客満足度全国1位にも輝く。2023年 APSWC「マネージメントカンパニーオブザイヤー」受賞。現在は沖縄県内に2店舗。エステスクール、美容商材代理店や沖縄県エス テティック・スパ協同組合の代表理事を務める。「いろはにちどり」TV にも出演。

1日のスケジュール

6:00 起床・朝ごはん・弁当づくり・洗濯

8:00 車通勤

8:30 サロンへ出社

9:25 全体朝礼

10:00 サロン開店

20:00 夕食準備・片付け

22:00 翌日の準備・スケジュール確認、段取り

24:00 就寝

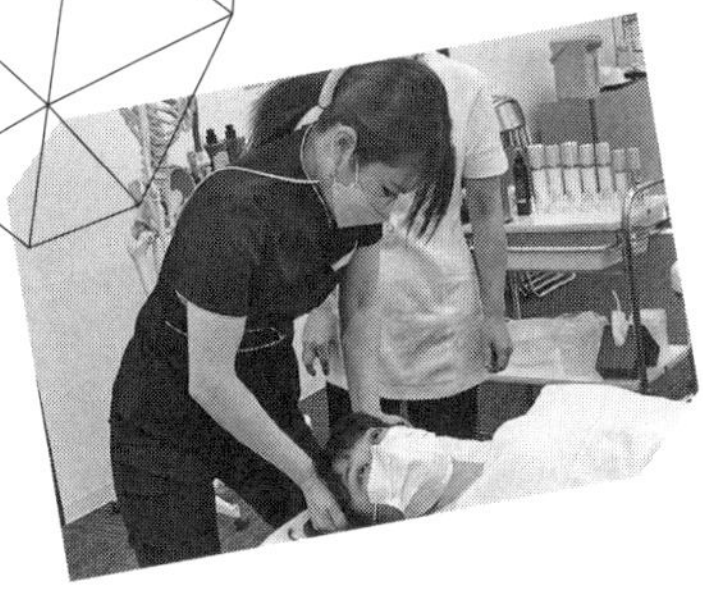

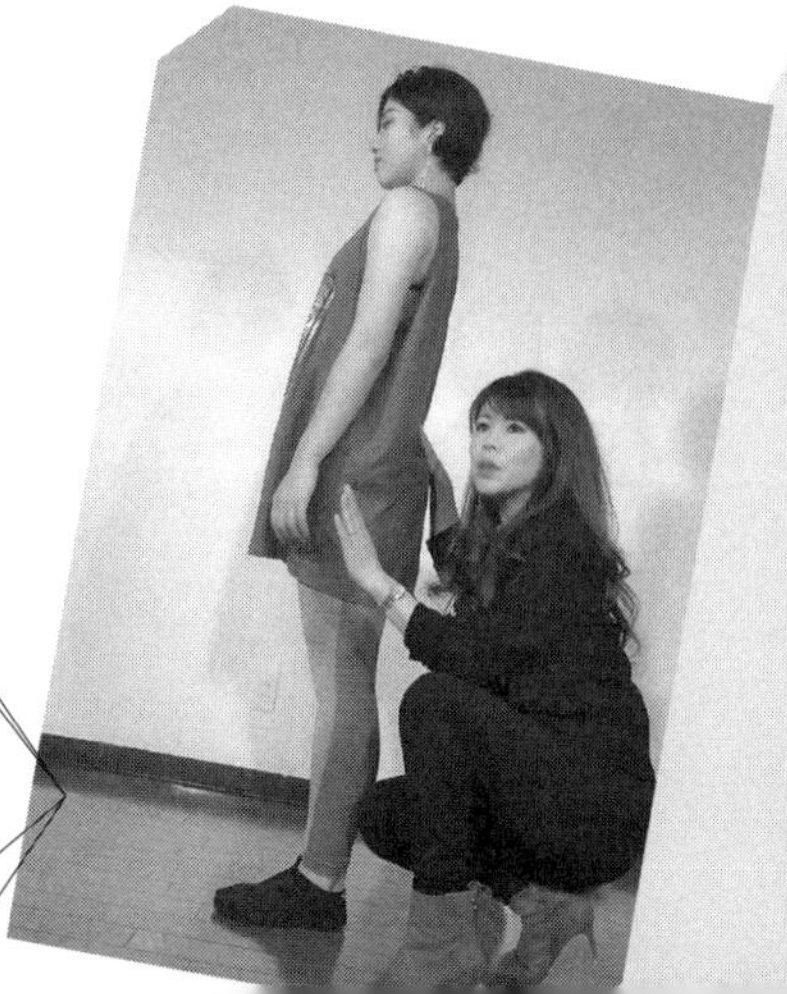

大切な家族を失い、大きく変わった人生

19歳で結婚し、20歳で出産。美容師になることが夢で、高校卒業後は美容専門学校へ通い、専門学校卒業後は美容師になっているはずでした。しかし、結婚出産が先となり、いつしかその夢は途絶えてしまっていたのです。毎日、家事や子育てに追われる日々。そんな平凡な中で起きた突然の出来事から私の人生は大きく変わり始めます。

いつものように子どもを寝かしつけて家事を終え、寝床についてしばらくしたとき、電話が鳴り響きました。寝ぼけながら電話に出ると、なんと弟の訃報。昨日まで元気だった弟がなぜ？　状況が把握できず、目の前が真っ白になり、うずくまって倒れ込んだことを今でも覚えています。当時、弟は高校2年生でした。その弟が突然この世から去ったのです。死因は医療ミスでした。

人の命は儚い。弟の死をきっかけに、人生について深く考える機会をもらいました。「私は何のために産まれてきたのだろう?」「子どもがいるからできない?」「毎日が忙しいからできない?」これまでの私は、できない理由を並べ、いつも何かのせいにしていました。

「自分で決めた人生のはずなのに、なんでこんなに辛いんだろう」と、考えたときに思い浮かんだのが同世代の友人たち。20歳になり、自由に楽しそうに生き生きとしている友人たちの姿がとても羨ましく、見ていることがとても苦しかったのです。毎日、家事や子育てに追われ、自分の自由を奪われていることが嫌で、不満だらけだったことに気がつきました。

弟が亡くなり、しばらくして父と母の仲が悪くなり、ついに離婚。それから父の会社もうまくいかなくなり、倒産。家を維持できなくなり、父から「家族で過ごした大切な家だから、おまえが買って残してくれないか?」と、頭を下げられました。プライドの高い父が、私に頭を下げてきたのは初めてのこと。「手放したくない!」という思いが強かったのですが、当時の私には家を買えるほどの経済力がなく、とても辛く悔しい思いをしながら、生まれ育った家を手放すことになったのです。

そんな悲しい出来事が続く中で、人生への不安を感じ始めたころ、これからの生き方について考えるようになりました。どんな人生にしたいのか? たくさん考えて、まずはやりたいことをやろう! と決意。子どもを保育園に預け、エステの学校に通うことにしたのです。それからは時間に追われる日々でしたが、毎日がとても充実し、考えごとや悩みごとなどがなくなっていきました。

学校に通い2年が経過し、卒業を経て就職。様々なエステサロンで働き、店長として経験も積み、その後も昇格して役職につき、全店舗の責任者として任せてもらえるようにまでなりました。仕事に没頭する毎日で、帰宅するのは夜中。半年以上休みのない日が続き、気づけば家事や子育ても疎かになっていました。

それからは、夫と喧嘩が絶えなくなり、ついには離婚問題に。いつの間にか、家族よりも仕事優先になり、夫だけではなく、親や親戚にまで迷惑をかけていたのです。そんなある日、保育園の先生から呼び出され「お子さん、毎日寝不足じゃないですか？　精神的にも不安定だし様子がおかしいのですが、家庭で何かありましたか？」と言われ、はっと気づかされました。「私は何をしているんだろう。子どもにこんな思いをさせて、また自分のことばかりしか考えておらず、最低な母親だ」と。

そう考えていた矢先に2人目を妊娠。きっと神様が「子どもを大切にしなさい」と、与えてくれたんだ」と思い、退職。徐々に家族との溝を埋めていきました。

出産して5ヵ月が経過したころ、勤めていた会社から「戻ってきてほしい」と連絡が来たのです。「もう一度働きたい」と家族に話し、以前のような働き方はしないと約束をして、パートとして復帰。二児の母として家庭との両立は思った以上にハードでしたが、言い訳などせず前向きに頑張ることができました。やっと仕事も家庭にも落ち着きを取り戻したころにさらなる試練が訪れます。

母が鬱病になりました。その当時、保育士として働いていた母は、子育てに協力的で、孫の面倒を積極的に見てくれるなど、常に明るく元気いっぱいでした。そんな母から笑顔が消え、孫の面倒も見ることができなくなり、毎日大量の薬を飲み、口癖で「朝が来るのが怖い」と言い、ついには寝たきりになってしまったのです。変わり果てた母の姿を受け入れることができなかった私は、優しい言葉をかけるどころか、冷たくあしらい、何もしてあげられませんでした。

それからは、さらに悪くなる一方。セラピストという仕事を通して鬱病のお客様には何度も関わってきました。人の心を癒すプロとして、カウンセリングや施術を通して心と身体に触れ、手から伝わる温もりで癒し、元気になって帰っていただく……それが私の仕事でした。それなのに、母に対しては厳しい言葉しか言えず、「なんで私だけこんなに苦しまないといけないの？　私が何をしたの？」と、自分のことばかりを考えていたのです。

しかし、ふと母の立場になって考えたとき、心が痛みました。母は、ある日突然愛する我が子を失い、離婚。辛い人生が続き、深い悲しみの中でも、休む暇もなく仕事と孫の面倒をみながら、多忙な日々を送っていました。そんな中で亡くなった弟のことは頭から離れず、時に思い出してはひとりになると泣いていました。自分よりも先に子どもに先立たれる悲しみや苦しみは、経験した人にしか分かりません。想像を絶するほどの辛さが、きっとあるのだと思います。それを理解したとき、亡くなった弟もこんな母の姿は見たくないだろうと、気持ちを新たにしました。「人のせいにばかりしないで、行動しよう！」「自分がやれることをやろう」と決意したのです。

私は、弟の死を通してたくさんのことを学び、経験し、人生が大きく変わりました。弟のように、生きたくても生きられなかった人はこの世の中にたくさんいます。やりたいことや夢があっても、叶えられない人がたくさんいます。

生きていれば行き詰まることもあるでしょう。そんなときは、大きな空を見て思いきり深呼吸をして外の空気を吸ってみてください。自然に触れてみてください。

「当たり前」という言葉がありますが、反対語は「ありがとう」なんです。心から「ありがとう」の言葉を伝えるとき、あなたはどんな気持ちになりますか？　とても心おだやかで自然と笑みがこぼれるように、やさしい気持ちになりませんか？　そんなプラスになる言葉をどんどん口にしながら、今を生きていることに感謝して、何気ない毎日が幸せだと気づいてください。

一度きりの人生。あなたはどう生きたいですか？

思考が変われば行動が変わる

２００８年７月、様々なサロンで経験した後、独立。29歳のときです。念願のサロン「ＹＯＵ海」をオープンさせ「夢は叶った！」と、ワクワクの毎日でした。スタッフも２人雇い、合計３人でのスタート。しかし、現実と想像は全く違いました。予約が入らず、しばらく苦しい状態が続いたのです。これまで勤めていたサロンでお客様がいることが「当たり前」の環境に勘違いをしていました。

自信はあったはずなのに、今まで経験してきたことは何だったのだろう？　焦り始めて、何が正解なのかも分からなくなっていました。そして、オープンして２ヵ月が過ぎようとしていた９月、リーマンショックが起こります。それにより、売上の柱となるクレジットカードや信販などの契約ができなくなり、現金のみしか取り扱えないという、サロンにとっては厳しい状況になったのです。サロン存続だけではなく、スタッフの生活もかかっています。お客様もいない、信販も組めない。プレッシャーに押し潰されそうになり、不安が大きくなる一方でした。このままサロンを続けていけるのか？　そんなことばかりが頭をよぎります。これから先を考えればば考えるほど、怖くなり、逃げたくなりました。

不安な状況から、いつの間にか思うような接客やサービスができなくなり、焦りや不安がスタッフにも伝わったのか、スタッフは全員辞めてしまったのです。

それからも、何とか夫の力を借りながらサロン運営を続けていましたが、起業して3年の間、何度も閉めようかと悩み、そう思う度に自分が情けなくなりました。周りに相談できる経営者はおらず、メンタルはボロボロ。「このままではやっていけない。何か行動を起こそう」と、本を読んだり経営者セミナーに行ったりして、それが私の心の拠りどころとなったのです。「苦しいのは私だけじゃない、苦しんでいる人は世の中にたくさんいる」と、考えるようになり、原点を振り返られるようになりました。

そんなとき、私の人生を変えるきっかけとなる【エステティックグランプリ】と出会います。覆面調査から始まるエントリー制の大会です。「見直せる良いチャンスかもしれない！　覆面調査によってお客様の本音が聞けるかもしれない。全国的に見て、自サロンのレベルを知ることができるチャンスだ！」と思い、エントリーをしました。

覆面調査が終わり、フィードバックを受け、改善点をスタッフ全員で見出し、取り組んだところ、翌年には九州沖縄エリア1位を獲得することができたのです。新聞にも取り上げられ、そこから紹介のお客様が増え始めました。それから毎年のようにエントリーし、改善点を見出す、を繰り返したところ、覆面調査で良い成績を収められるようになり、フェイシャル技術部門への切符を手にし、7年連続九州沖縄エリア代表として全国大会に出場できたのです。

ここから火が付き、私の挑戦が始まります。サロン運営をしながら、美容師国家資格を取得。2014年には個人サロンから法人化して、2015年に2号店となるYOU海北谷店をオープン。翌年の2016年にはエステティックグランプリフェイシャル技術部門で全国1位を獲得しました。グランプリを機に、たくさんの仕事やセミナーなどのオファーをいただき、さらには沖縄美容商材代理店を任され、エステスクールも開講。そして沖縄県エステティック・スパ協同組合の代表理事に就任し、美容業界発展に向けて現在も活動中です。人との出会いやご縁でこんなにも大きく人生が変わるのかと感じました。

人は、人に支えられて生きています。苦しいときは、誰かの力を借りてご縁をつないでいきましょう。充実した毎日を過ごせるよう、前向きに一生懸命取り組んでいれば、必ず良いことが起こります。試練が起きたときには、思考を変えてみてください。心落ち着く場所で、自分に矢印を向けて、心の声を聴いてみてください。心の声を本音で聴けるのはあなただけです。私はたくさんの経験から、「人の役に立ちたい、誰かの支えになりたい」と思うようになり、自分に正直に生きるようになりました。思考が変われば行動が変わります。環境を変えるには、あなたの思考を変えることが近道です。

捉え方、考え方ひとつで見えない世界がある

これまでたくさんの人生経験をさせてもらった私は、サロンも家族との関係も順調な毎日を過ごしていました。そんな日々の中、さらなる試練が起こったのです。それは「新型コロナウイルス」。当たり前の生活ができなくなり、職を失った人もいます。ニュースではあまり取り上げられていませんでしたが、コロナでの死者よりも自殺者の方が多いという、悲しい世の中となりました。コロナになってから、私も3人の知人を自殺で亡くしました。

死を選ぶことは、自分の感情のコントロールができないくらいに最悪な状態だということです。私も苦しいとき、「死にたい！」と思ったことはあります。しかし、その勇気はなく、子どもがいるし自分だけの問題ではないと、判断ができたから留まることができました。生きていることが苦しく、孤独に感じることもありますが、それでもひとつの峠を越えていけたら、次には見えなかった世界があります。試練は付き物です。

実際に、私の運営するサロンでもコロナの影響がなかったわけではありません。起きたことのない未知の世界で不安だらけでした。しかし、頭で考えるより、まずは行動しよう

と前向きに捉え、「できることを精一杯やろう！　壁にぶち当たったとき、乗り越えていく方法を考えたらいい！」そう強く思うようになりました。苦しいのは自分だけではない。状況はみんな同じです。自分だけが不幸ではない。そう思えたら、できることはまだまだたくさんあります。そう考えて取り組んだおかげで、サロンはこれまで以上の良い業績を残す結果となりました。

国からの営業自粛命令を受け、閉めざるを得なかった月は、「どうしよう」と嘆くだけではなく、「何をするか?」に思考転換。普段できないことに挑戦しようと思い、技術を磨くための研修や知識向上のための勉強会を行ったり、スタッフ全員で改善点を見出し、レベルアップを図ったりしたのです。時間を大切に使い、良いエネルギーに変えていきました。

営業自粛命令が明けた後は、予約数は多少減少しましたが、コロナ流行によってお客様の価値観が変わり、これまで以上に良い業績を収めることができたのです。美容業界はお客様との距離がとても近く、気にされる方も多かったため、あらゆる工夫で感染対策を万全にし、安心感を与えることを徹底しました。現在も、どんな環境の中でも関わるみなさまが幸せになれるように日々努力を重ねています。

このように思考を変えてから、たくさんの奇跡が起こるようになりました。全国規模のエステの大会で、２０１６年にフェイシャル技術部門全国１位を獲得。グランプリを獲得できたのも、いつも支えてくれた家族・スタッフ、そして私に関わってきた全ての方のおかげです。私ひとりの力では、ここまで来ることはできませんでした。そのことを心に刻み、日々感謝して生きています。

そして2019年、顧客満足度部門でも全国1位を獲得。さらに2022年6月、同大会で弊社スタッフもフェイシャル技術部門全国1位に輝いたのです。「これまでの人生や経験をスタッフに継承していく！」それが私の役割でもあると考えていたため、スタッフの1位獲得はとても嬉しい出来事でした。そして、常にたくさんのことに挑戦し続けられるこの環境にも、とても感謝しています。

現在はスクールや沖縄美容商材代理店、沖縄県エステティック・スパ協同組合代表理事を任せられるなど、あらゆる奇跡が起き続けています。

今、昔では想像できなかった世界が私の前に広がっています。生きていたら、良いことも苦しいこともあるけれど、無駄なことは何ひとつありません。全てこれからの人生への「道しるべ」なのです。

悩んで頭で考えるよりも、行動してみること。それが今後の進むべき人生への分かれ道です。あなたも、捉え方や考え方ひとつで見えない世界が見えてくると思います。

「こころ、ほどいていますか？」

これまで幾度となく困難に出会い、その壁を乗り越えながら、前に進んできました。目の前の現実から目を反らし、逃げることばかりを考えていたときもあります。生きていれば、あらゆる困難に出会うでしょう。そのとき、それを試練だと捉えられるか？　不幸だと捉えるのか？　考え方ひとつで人生は大きく変わります。

良いことも悪いことも全て受け入れてください。例え苦しくても、その壁を乗り越えたら次のステージが見えてきます。私自身も前向きに考えるようになってから、現実が変わり始めました。人との繋がりができて、ご縁をいただき、いくつもの出会いがありました。それぞれの生き方はあります。これからどのような人生を送りたいのか？　良いイメージができていればきっと叶うと思います。目の前で起きている現実は、自分でつくり出している現実ということを知ってください。

最後に……。

癒しの島、沖縄で生まれ育ち、人との出会いや絆を大切にし、出会った人の人生を支えることは喜びであり自らの使命となりました。人を健康に、美しくしていくための努力を、今日も続けています。

母として、妻として、娘として、働くひとりの人として、世の中の女性の悩みは尽きません。その中でセラピストとして、その在り方を求めていく中で、自らの役割や生きることの意味、本当の豊かさについて考える機会を持つことができました。信頼する仲間と、生まれ育ったふるさと沖縄の人、自然、文化に支えられてきました。珊瑚の島、沖縄に秘められた可能性は測り知れないものがあります。地元沖縄に根差し、食と文化、天然の素材を活かして、美と健康、笑顔と幸せをこれからも届けていきます。

あなたも、まずは自身の解放できる空間で、心をほどく休日を見つけてください。

南の海から、愛をこめて。自分を信じて前向きな生き方を見出せるよう、勇気と希望の種を贈ることができれば幸いです。

この本を通して世の中が豊かになることを心より願っています。

あなたへのメッセージ

試練が起きたときには、
思考を変えてみてください。
心落ち着く場所で、
自分に矢印を向けて、
心の声を聴いてみてください。
心の声を本音で聴けるのは
「あなただけ」です。

識名由美さんへの
お問合わせはコチラ

求められることを仕事にしたことで誕生した「小さなサロン実践講座」最短でビジネスを軌道に乗せる方法

リンクアンドサポート株式会社
代表取締役
美容コンサルティング
鈴木夏香

1976年、埼玉県所沢市出身。東京都練馬区在住。法政大学卒業後、デパートや大手ゲーム業界に勤務した後、結婚。派遣社員をしながら副業でネットビジネスに従事し自宅でサロン開業。月商100万円を超えるサロンへ成長し、ＩＴや売込みが苦手なセラピスト向けの「小さなサロンスクール」を立ち上げ。８年以上、全国540名様以上の塾生を輩出。2020年「スマホ集客術」を出版。Ａｍａｚｏｎ１位を獲得。一人息子を子育て中。

1日のスケジュール

6:20 起床・朝ごはんづくり&洗濯
8:00 メールチェック
9:00 グループコンサルティング
12:00 ランチ
13:00 グループコンサルティング
15:00 息子の塾のお弁当づくり
16:00 メルマガやブログのライティング
17:00 スーパー買い出し&夕飯づくり
20:00 グループコンサルティング
22:00 お風呂
23:00 メールチェック
24:00 就寝

就職氷河期を乗り越えて起業の道へ

ここでは、これといった強みがなくコンプレックスだらけで自分に自信が持てない方でも、自分を輝かせる場所は必ずある、ということをお伝えさせていただきます。

私は1976年生まれ。「就職氷河期」と呼ばれる中での就職活動を体験しました。父も兄も広告代理店に勤めていたため、私も当然、広告の道へ行くものだと思い、大学は社会学部マスコミ系の授業を選択。専門のゼミにも入りました。

しかし就職活動がうまくいきません。100社以上受けましたが、内定はゼロ。このまま就職浪人になるのだろうかと思っていたとき、ポストに入っていた地元のデパートの求人募集ハガキを見て、その会社の面接を受けたのです。無事に内定をいただくことはできましたが、気は晴れません。大学の同期には恥ずかしくて企業名を出せないほど。大学卒業後も、同窓会に顔を出すことはありませんでした。大学時代は、バリバリ働く企業ウーマンを夢見た私の希望は、就職氷河期によってあっさり打ち砕かれたのです。

このまま私はキャリアウーマンになれず、結婚して普通の主婦としてこれから数十年過ごしていくのだろうか、と人生を諦めていた25歳のとき、ネット上で副業に出会います。

怪しげな情報商材ではなく、サプリメント関連の販売をネット上でするというお仕事でした。当時はホームページを個人で立ち上げることが珍しい時代でしたので、通販用のホームページを立ち上げただけで、サプリメントがどんどん売れていきました。毎日8時間以上パソコンにべったりの生活を送るようになり、副業の月商が会社員給料と比べて2倍以上になったのです。

「このまま、この生活を続けてもいいのかもしれない」と思いつつも、「もっと人と直接触れ合う仕事がしたい」と、思うようになります。私は子どものころから、親にマッサージをすることが日課だったのですが、そのことをふと思い出し、「自宅でマッサージサロンを開こう」と、決意。副業で得た収入で、さまざまなボディ系マッサージスキルを教えてくれるスクールに通いまくりました。技術を高め、知識を習得することにたくさんの投資をし、自宅でサロンを開業したのです。

最初は、自宅の一室をサロンとして使い、友達にトリートメントをし、その後少しずつお金をいただけるようになりました。「もっと集客しよう」と、クーポンサイトへ加入。90分1980円（税込）で掲載したところ、確かに集客はできるようになりました。しかし、そこからどうやってリピートしてもらうのか？　通い続けてもらうためには、どんなアプローチをすればいいのか？　全くわかりません。新規のお客様の対応に、ただただ疲弊する日々が続きます。

当時子どもは保育園に通っていたのですが、保活という言葉があるように、保育園へ入ることすら大変で、やっと受かった保育園は、なんと自宅から2キロも離れたところ。毎日自転車で往復し、雨の日は歩いて送り迎え。一方、サロンの方も忙しく、多いときで1日に3名様を対応していました。滞在時間は2時間から3時間で、その間に清掃も入るため、3名様のご対応となると、休憩がとれません。

「やればやるほど体力的にもしんどいな」と感じていたある日、クーポンサイトのクチコミで、予想以上に悪いことを書かれてしまいます。そのクチコミですっかり自信をなくすと同時に、集客にも影響が出てきました。最新のクチコミがトップページに出るため、クーポンサイトで安いにも関わらず、集客ができない状況。

「何かを変えなくてはいけない！」と思った私は「好きなお客様を集める仕組みを、来店前につくっておけばいいのでは？」ということに気づきます。『安いから来る』というお客様が来ないようにする」そのためにやったことはSNSでのブランディングでした。SNSで、私のサロンの良さやメニューの良さを伝え、事前に理解してくれる仕組みを整えるようにしたのです。

すると、定価のメニューにしてもお客様がご来店され、その後ほぼ90％以上の確率でリピートをしてくれるように！　一番驚いたことは、ママ友が来店したことでした。ママ友にはサロン開業したことは全く言っていなかったにも関わらず、ＳＮＳでサロンを発見し「このメニューなら受けたい！」という理由で来てくれたのです。「知り合いだから来た」ではなく、サロンの良さやメニューの良さを事前に確認した上で来店してくれたことが本当に嬉しく、「ママ友だから安くして！」ということもなく、ひとりのお客様として定価でいただくことができました。

このように、「来店前にしっかりとサロンの良さを伝える仕組みづくり」によって、私は自信を取り戻し、その後月商で50万円、１００万円と売上を上げるサロンへと変身したのです。

●**企業へ就職することだけが人生ではなく、副業・起業も就職のひとつの道。**
●**ＳＮＳを使って来店（予約）前にファン化する仕組みがあれば、好きなお客様が申し込みをしてくれて、不要な安売りから卒業し、定価で購入してくれるお客様が増える。**

好きではなく「強み」を活かせばお客様貢献

サロンの仕事はとても好きで、一生この仕事をすると思っていました。しかし、学生時代の部活動で痛めてしまった腰痛がぶり返し、このままサロンワークを続けると、歩くことさえ困難になるような状態になってしまったのです。体がしんどいと、お客様へ満足できる施術が不可能になるため、サロンをやり続けることは難しいと判断。同時期に、サロンのセラピスト仲間を集めてアメブロ勉強会を開いていました。副業時代に習得したアメブロやHPをつくるスキル・会社員時代のパソコン資料作成スキルを活かした勉強会です。アメブロ勉強会は予想以上に好評で、開催すればすぐに満席になるほどでした。

その勉強会では、アメブロに関する質問だけではなく、「売上アップするためにはどうしたらいいのか?」という質問も多く受けるように。経営ど素人の私でさえ、月商100万円を超えることができたため、この方法をサロンのセラピスト仲間へ伝えることで、何かお役に立てるのではないか? と考えるようになります。

これらがきっかけで、今のお仕事へとつながっていったのです。コンサルタント経験はありませんでしたが、Facebookでリストを集めてメルマガを発行。その後、体験セッションを募集したところ、5名の方がお申し込みしてくださいました。そして、個別でのコンサルティングを実践。お客様がとても頑張ってくれ、私が伝えたことを、全部一通りやってくれたところ、売上がどんどん上がっていきました。他にも、多くのお客様が次々と成果を出していったのです。

当初は個別コンサルティングを提供していましたが、たまたまクライアント様同士を集めて講座をしたところ、予想外の結果が。お互いのサロン状況を知ることで、やり方がより明確になったり、「あの人が頑張っているから私も頑張る！」というマインドに変わったりし、生き生きとサロン経営ができるようになったのです。

これを機に「小さなサロン実践講座」というスクール形式で、サロン経営や集客のメソッドをお伝えすることになりました。現在では、おかげさまで北海道から沖縄、海外在住の日本人の方まで受講していただいています。

●自分の強みは、自分の中で見つかることは少なく、相手から求められることを提供することで、強みとして意識ができ、それが仕事になるケースが多い。

●好きを仕事にすることは、とても大事な要素ではあるが、それがビジネスとして成り立つかどうか？　は、やってみないとわからない。

一番リターンがあるのは「自己投資」

「投資」と聞くと「リスク」をイメージする方が多いのではないでしょうか？　それは、株や不動産・ＦＸや仮想通貨などの投資をイメージされているからでしょう。リスクがなく、一番リターンがある投資があります。それが「自己投資」です。

「今足りないもの」または、「今必要なもの」を身につけるために、様々な講座や資格スクールに通ったり経営を学んだり、コンサルタントや代行をしたりすることは、すべて自己投資です。そこで得た知識や経験は、今後のビジネスに役立ちます。

例えば、技術スクールに50万円払ったとして、スクール卒業後、60分８０００円の施術を提供し、月に40名のお客様に提供すれば、２ヵ月以内にスクール代金が回収できるのです。株や不動産はリスクがありますし、そこで得られる経験や知識は、将来的に何かすごく役立つものではなく、ただ単にお金が貯まるということだけです。それも大切なことではありますが、ビジネスとしていち早く成功するためには、まずは自己投資をすることが大切だと私は考えています。

偉そうに書いてはおりますが、実は私はサロンビジネスを始めたとき、自己投資は全くできませんでした。なぜならば「ひとりで、できるはず！」「そんなものにお金を払うなんて、もったいない！」と、心から思っていたからです。

しかし、そもそも経営のど素人。数字も苦手。管理も苦手。無料のノウハウをGETしては続かず、挫折する日々を過ごしていました。そこで、思い切って経営塾とコンサルをお願いしたのです。１００万円近くのお金を振り込むときには、さすがに手が震えました。当時は、そんな大金を一度に使ったことがなく、人生一の自己投資だったからです。

この自己投資が私の人生を変えます。１００万円を払ったという事実は、いち早く成果を出さねばという気持ちに切り替えてくれました。それだけではなく、経営塾に入っている他のメンバーさんが、私を成長させてくれたのです。

よく「自分の周り10人の年収平均が自分の年収」だと言われますよね。そのときの経営塾に入っているメンバーさんは、すでに月商50万円以上の方ばかり。当時の私は10万円にも満たなくて、恥ずかしい気持ちもあったのですが、すぐに「この方たちのやり方を真似ればいいんだ」と切り替えたのです。すると、３ヵ月で月商50万円を達成。環境が自分を変えてくれたことに、すごく驚きました。

私は現在、小さなサロンスクールの販売をしています。その際に、「お金がない」という理由で受講しない方も当然いらっしゃいます。

この金額を、どう捉えるかが成功の鍵です。目の前の「お金がない」だけに目を向けるのか？　それとも、「今足りない部分や必要な部分を学び、将来の投資にする」と考えるのか？

今まで540名様以上のスクール生徒さんを見てきて感じることは、後者の考え方ができる方は、成果を出す方が多いということ。中には少し時間がかかる人もいますが、確実に結果につながっていっています。

●リスクがなく、一番リターンが大きい投資は「自己投資」であり、将来の自分に投資できるか？　が、成果を出せるかどうかの分かれ目。

●成果を最短で出すためには、自分よりも成果を出している人のそばにいき、環境を変えること。そして、その方たちのやり方を真似ること。

求められることを仕事にすると好きに変わる

「好きを仕事にしたい」という言葉はよく聞きますが、多くの方は好きを仕事にしてもなかなかうまくいきません。理由は様々ですが「独りよがり」になり、客観的に自分のビジネスを見られなくなることが多いように思います。

最短でうまくいくコツをお伝えします。それは「求められていることを提供すること」です。そうするとお客様が喜びます。お客様の喜ぶ顔を見られると、その仕事が「好き」に変わるのです。結局ビジネスは、相手とのコミュニケーション。あなたの好きを押し付けるのではなく、相手の好きを共有することが、実はビジネスを提供する側の喜びに変わってくるのです。

実は、私はスピリチュアルなことや癒しが大好きなのですが、それを仕事にはできませんでした。ただ、サロン経営スクールを開いた後、塾生さんとスピリチュアルや癒しの話題で盛り上がったり、その世界に触れ合うことができたりしています。形は違っていても、仕事の一部分で自分の好きを表現できるようになりました。

また、コンプレックスや挫折経験は何よりの財産になります。私は就職活動での失敗がなければ、「起業をしよう！」とは1ミリも考えなかったでしょう。起業は、学歴も職歴も一切関係ありません。お客様も、そこは全く求めていません。起業したことで、見ることができなかった景色が見えるようになったのです。

家族は、私の起業を最初はあまり賛成してくれませんでしたが、ビジネスとして結果を出すと応援してくれるようになりました。「こんなに真剣にやっているなんて思わなかった」と、ビックリされたのです。おままごとではなく、真剣に取り組んだからこそ、家族にも信頼を得ることができました。

サロンのセラピストやカウンセラーの方々こそ、挫折経験やコンプレックスがある方が、お客様から信頼されます。人の痛みがわかっているセラピストに、体や心を預けたいと思っている方が多いからです。加えて、今の時代は、商品やサービスの差異がほとんどありません。となると、あなたの「人柄」「生き方」が、お客様の選ぶ基準値になります。過去の乗り越えた経験を、ぜひＳＮＳやブログなどで伝えてみてください。自ずと、あなたのファンができるでしょう。

そして、「自己投資」について前述していますが、自己投資は行い続けることが大切です。理由は「情報を得るため」。誰でもスマホが持てて、いつでも繋がれる、検索ができる今の現代において、正しい情報をスピーディーに獲得することはビジネスでとても大切なことです。例えば、インスタグラムは、仕様変更や機能追加は日常茶飯事。ビジネスとして使っているのに「知らなかった」では済まされませんよね。情報獲得のため、自己投資は欠かせません。

そして、もうひとつの理由は「環境」です。たったひとりでは人脈がなく、成功は難しい。私は稼いでいない時代から、さまざまな起業家が集まる講座やコミュニティに参加し、今も続けています。コミュニティにいることで、お互いのビジネスを紹介し合ったり、刺激を受け合ったりしてビジネスが格段に広がっていきます。

また、コミュニティで貢献すると、「応援される起業家」になり、自ずとファンが増えていきます。クライアントさん、起業家仲間の両方から好かれ、気づいたら好きなお客様、仲間に囲まれている！　そんな環境が整うのです。ぜひ目指してみてくださいね。

●あなたの好きより、お客様の好きを優先するとビジネスは最短でうまくいき、それが好

きへと変わっていく。

●挫折やコンプレックスこそ財産であり、それを乗り越えた経験があるとお客様から支持され、好きなお客様にどんどん囲まれていく。

最後までお読みいただき、ありがとうございました。

あなたへのメッセージ

勇気を振り絞って
自己投資をして
環境を変えることで、
今まで見ることができなかった景色が
見えるようになる!

鈴木夏香さんへの
お問合わせはコチラ

各分野で突き抜けたレベルのセラピストが在籍する地域密着型の人気リラクゼーションサロン誕生秘話

QueenSpace株式会社 代表取締役
リラクゼーションサロン運営
／会員制ＢＡＲ運営

西久保志帆

1986年生まれ、名古屋市出身。幼少の頃より、美容院を営む祖母の影響で美容に興味を持ち、学生時代にアルバイトとしてエステサロン運営に関わる。社員として入社後、最年少で店長に就任し、その１年半後にはエステサロンを独立開業。2019年には業態を変化させ、東京白金に唯一の「古民家ほぐし屋」をオープン。現在、広尾での姉妹店開店に向けて準備中。会員制ＢＡＲ「白金ほぐさＮＩＧＨＴ」も展開中。

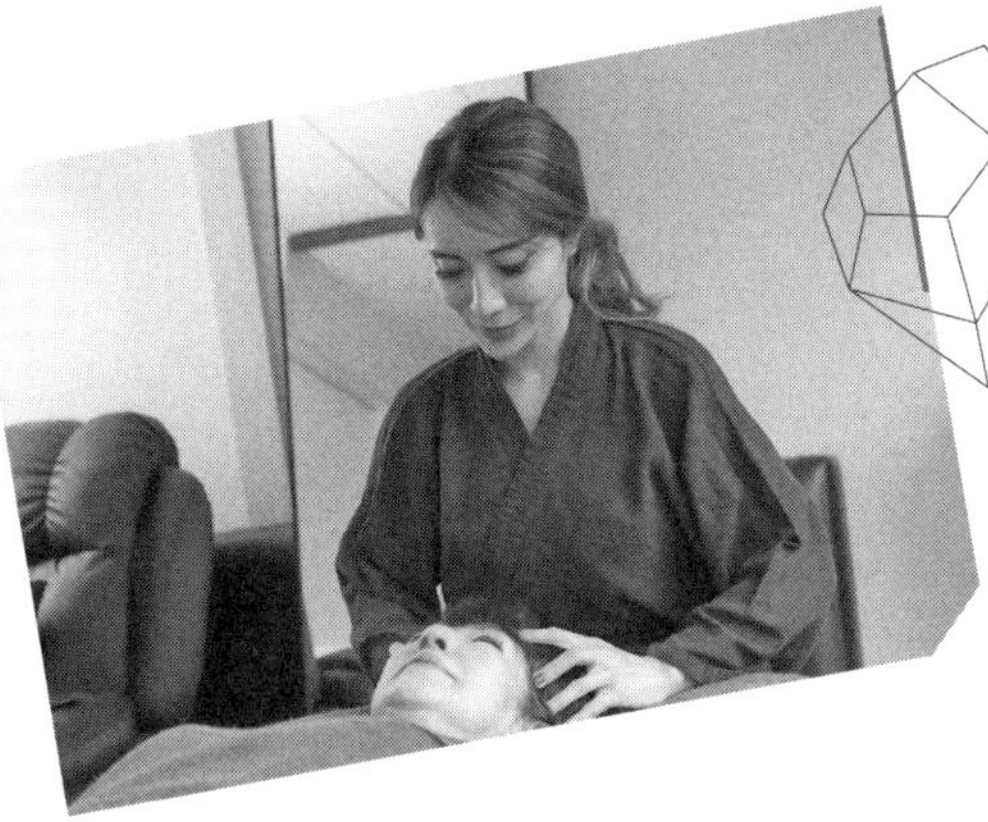

1日のスケジュール

6:00 起床・ストレッチ
8:00 子どもを保育園に預ける
8:30 ジム&英語コーチング
12:00~ サロンにて接客&事務作業など
17:00 保育園お迎え
18:00 帰宅・夕食
20:00 お風呂・子どもの寝かしつけ
22:00 読書・事務作業
24:00 就寝

妥協しない人生って最高！

あなたは今、本当に自分のやりたいことをやれていますか？　私は自分のやりたいこと以外をやり続けた記憶がありません。私のこれまでを振り返ると、美容院を経営する祖母の影響を大きく受けてきたように思います。

小さいころからよく祖母のお店で過ごしており、おばあちゃん子でした。祖母は「自分の仕事や意見を持ち、欲しいものを自ら掴んでいくことは、女性が幸せに生きるのにとても大切」と、よく言っていました。そして続けて「自由と責任はセットだよ」ということも。大人になったら祖母のように、美容やリラクゼーションの分野で「理想を実現できる立場」である経営者になるのだろうと漠然と決めていたように思います。

実際に今、物件を借りて仲間を集め、内装やメニューを考え、店を運営していますが、どんなことが起きても何かのせいにせず「全て自己責任で行動」は、祖母の教え通りです。自己責任による大変さもありますが、その代わりに「妥協せず自分のやりたいことを貫ける」という自由も手にしていると、実感しています。

小学生のころ、テレビの世界から影響を受けたのが美容家の鈴木その子さんでした。「美」

という正解が曖昧な世界の中で「美白」を文字通りに全身で体現する、その大胆なお姿に圧倒されたのを今でも覚えています。一見すると個性的すぎる容姿とキャラクターから、既存の概念に影響されず、人目を恐れないで独自の世界観を貫く芯の強さを、幼いながらに感じたのです。彼女の在り方は、妥協しないことの格好良さを私に教えてくれました。

小学生なりに、祖母や鈴木その子さんなど個性ある女性の影響を受け、「自分を表現したい！」という欲求があったものの、それを満たそうとする手段がファッションだったため、先生や親からは「学校では小学生らしくしてね」と注意されていました。シルバーの髪や奇抜な服装での登校は、浮いていたのです。好きな格好をして怒られるのも自分、そして自分を表現できて嬉しいのも自分。この「人の目を気にせず思いのままを貫くことの心地良さ」は、とても大切な感覚でした。先生や親とは一悶着ありましたが、それでも「私はこうしていると幸せなんだ！」と話し合いを重ね、「自由」であることに「責任」を持ち、自分のスタイルを貫くことで、後悔ない学校生活を送ったのです。

あなたの「周りを説得しなくてはならないけれど、どうしてもやりたいこと」は何ですか？　もしあるなら、後悔ない選択をおすすめします。自分は自分の願いを常に叶えてあげられるんだという、自分自身との信頼関係が強くなり、自信というお金では買えない価値を手にすることができるでしょう。

やりたいことはさっさとやる！

小学校卒業後も「祖母のように美容の仕事をしたい」という想いは変わらず、中学校では親や先生に怒られながらもメイクにハマり、高校ではバイト代のほとんどをエステに使っていました。短大になると、将来の夢を意識してエステサロンでアルバイトをし、同時に少しずつ独立のための貯金をするように。そしていよいよ就職活動！　意気込んで大手のエステサロン3社にエントリーしましたが、オリエンテーションなどに参加していくうちにあることに気づきました。大手サロンでは、店長になるのに平均して5年程の期間がかかる、ということに。

「私は経営者になりたいのに、それじゃ遠回りすぎる！」と、心が叫びました。そこで大手サロンではなく、元々アルバイトで勤めていた、スタッフ15名程の小規模サロンを運営する会社に新卒入社を決意。地元名古屋にあるその会社は、大手とは違い経験問わずにやる気のある店長を募集していたため、当時20歳の私でも、やる気さえあれば店長としてのノウハウと施術の技術を短期間で叩き込める、ということが魅力でした。そして、いよいよ本格的に念願だった美容の世界に店長として飛び込むことになったのです。

スタッフの方々は当然、自分より年上ばかり。店長といっても実は一番後輩で、最も仕事量が多い立場でした。その代わり、売上やスタッフ管理・施術に関しても、短期間で一気に習得。寝る暇こそありませんでしたが、大手に入社すれば5年はかかったであろうことを1年で叩き込むことができました。

入社して1年半が過ぎた21歳、当時の社長から相談を受けたのです。「他の事業が忙しくなった。ここは女性の世界だから女性オーナーを探して、その方に店を売ろうと思う」と。その話を聞いて「経営者として美容業界に関わることを目標にしてこの会社に入った。3年以内に運営の全てを把握して、遅くとも25歳までには独立しようと思っていたけど、これはもしかしてチャンスでは?」と考えたのです。数日考えた後、気持ちが固まり、社長に言いました。「私に買わせていただけませんか?」と。社長は驚いていましたが、すぐに「そうか。それが一番安心かもしれないな」と、賛同してくれたのです。

サロン買取に必要な資金の全てをすぐには用意できなかった私は、一旦社長にお金を借り、家賃を抑えるために近くのビルに移転し、新店舗の売上から毎月お金を返す形を取ることにしました。初めての借金でしたが、当時の私はワクワクした感情しかなく、予定よりかなり早く独立できたラッキーな流れに心から感謝したのです。

独立直後のサロンでは、エステの最新機器を5台扱っていました。当時、導入しているサロンは少なく、予約はいっぱい。売上も順調でした。ところが数ヵ月後、あることに気づきます。売上のほとんどがマシンを使用した複数回分のコースメニューのため、初回来店時に数十回分の売上が上がり、後はそれを消化していくため売上は上がらない、ということに。冷静に考えれば分かることなのですが、当時の私は計算しておらず気づいたときには、開業資金の返済や家賃・人件費の支払いに追われる日々が始まっていました。

「このままではまずい！」と、大きな方向転換を企てます。エステ機器は次々に新しい物が出て、売上を上げ続けるためには常に買い替えが必要です。その度に新たにローンを組みますが前のマシンの支払いは残ったまま、という悪循環に陥ります。この流れを止めるべく、今持っているマシンの全てを売却することに決めたのです。さらにマシンメインの施術は、痩身や肌の若返りなど「結果ありき」の内容がほとんど。お客様にとっては、手の温もりが得られるオールハンドの施術による「癒し」も重要な要素なのでは、と感じるようになりました。そこで、サロンをオールハンドのお店へと一気に転身させたのです。ダメなときは潔く切り替えること。これが、長く好きなことを続ける術だと痛感しました。

もしも今、あなたが壁にぶつかっていて進まない状況にいるとしたら、一旦全てをゼロにして全く別の方向へ進んでみることで、結果的に本来目指していた所に行くための近道に出逢えるかもしれません。

Do！ Do！ Do！

お客様の心身に寄り添えるオールハンドメニューに一新したため、マシンは1台もありません。これからは、自分自身の「手」そして「パーソナリティ」が商品となります。ですから、自分の商品としての価値を上げるため、サロン営業しながら並行して技術向上のための勉強を重ねました。以前と違って、まとめて代金をお支払いいただく形ではなく、その都度、その日の施術分を頂戴する形に変えたため、売上とお客様の来店数も比例していき、結果的に前社長に借りていた開業資金の全てを2年で返済することができました。

またオールハンドメニューに変えてからは、よりお客様と親密になることができ、中には、生涯にわたる大切な人間関係を築けるお客様とも出会うことができました。勇気を出して転身して正解だったと感じます。

しばらくして、またひとつの葛藤にぶち当たりました。エステサロンとしてお客様の「美」に向き合い続ける日々の中で、お客様から「肩が凝るんだよね」「腰が痛い」など体調に関するご相談をいただく機会が増えてきたのです。「美」に向き合おうとすると、結局体調を整えることは不可欠だと痛感し「美容」の分野だけでできることに限界を感じていました。

そこで、「整体」「足つぼ」「ストレッチ」などを勉強し、徐々に美容目的の施術の中に、体の不調を改善できる要素を入れていったのです。

すると、今度は「時間が足りない」ことに悩みます。さらに新たな分野を極めようと思えば、学校へ通って資格を取得したり、数年は修業を積んだりと、終わりなき探求が始まるのです。お店を経営しながら、ひとりで様々なお客様のニーズに応え続けることの限界と、方向性を定めることの難しさに気づいたのです。「体の不具合を改善する」というゴールはどこなのか。それに取り組んでいる人がいたなら、答えを聞いてみたいと思い、思いつく限りの知人たちに声をかけ、ついにある人と出会うことになります。

「体の不具合を改善する」というと様々な分野があり、あらゆる正解が存在しますが人間の体をシンプルに考えたとき、最も重要なところが「脊椎」であるという考え方があります。「脊椎」の世界的な外科医である白石建先生の存在を知り、勇気を出して直接ご連絡し、相談依頼をすることにしたのです。急な申し出にも関わらず、先生は快諾してくださいました。当日、私が今ある葛藤の全てをお話しした後、先生がおっしゃいました。

「西久保君のいる分野は癒しの域を超えない。逆に言えば医療と違って、やり方に正解のない無限の世界だ。羨ましいよ」と。

この日、私が目指すゴールはどこなのかという迷いは嘘のように消えました。先生のいらっしゃる医療の分野は「治す」ことが常に正しいゴールであり、治さなければ不正解。私のやっていることはどうでしょう。「治す」ではなく「癒し」という、手段を問わず、いくらでも目的を達成できる可能性に満ちた世界なのです。そのことを、医療を極めた方に教えられたからこそ、自分自身が行くべき道は「癒し」の分野を追求することだと再認識できたのです。

悩んだら、その道のプロフェッショナルを全力で探し出し、教えを乞う。これが最も早い解決策だと痛感する出来事でした。

あなたがもしも今、何かに悩んでいるとしたら、それをすでに解決している人を見つかるまで探し、見つけたら解決の方法を聞いてみてください。見つかるまで探せば、見つかります。人も、答えも。

今思いつく全てを、考えると同時にＤｏ！

名古屋と東京の2店舗を行き来していましたが、忙しくなり「体がひとつでは足りない」という状態になりました。そこで、ある一定の技術レベルに到達している仲間を集め、さらに進化させたいと考えるようになったのです。

そうと決まれば即実行！　確かな技術を持つ凄腕セラピストの友人に声をかけ、彼女が不安と期待の中で上京と入社をＯＫしてくれたところから一気に動き始めました。

このように悩んだり立ち止まったりすることも多い中、それでも考え過ぎず、動きながら改善しながら進化していけると、事あるごとに実感しています。なぜなら経験のないことや、予測しづらいことについて、どんなに考えたところでいくら時間があっても足りません。１００％安心安全になるまで考えることは不可能です。大切なのは、考えながら動き、成功と失敗を繰り返し、その中でスキルアップすること。そのプロセスを反復するほど打率は上がっていきますし、それが成功への唯一の近道です。

今度は拠点を東京に絞り、業態をエステから整体に変えた新店舗の開店準備に突入。さらに、それまでは自分がメイン施術者としてお店を運営していましたが、仲間にメインで施術してもらうことになるので、これまでとは全く違う知識ややり方が必要でした。それらを効率良く得たかったため、東京のエステのお店は引き続き運営しながら、最大手のリラクゼーションサロンで、合間を縫って働かせてもらうことに決めたのです。

そこで、何百人ものセラピストを雇う会社のシステムやスタッフの契約内容・使っているベッドや店舗物件の選び方など店舗運営にまつわる全てのことを、3ヵ月で意識的に吸収していきました。

さらに同時並行で法人登記・セラピスト募集・物件探しなどの準備もスタート。特にセラピスト探しは本当にどうしていいのか分からず、とにかく会う人会う人に「いい人いませんか？」と聞いてまわる日々。これは実話なのですが、深夜に私が道端で座り込んで考え事をしていたときに、体調が悪いのかと声をかけてくれた紳士にセラピストを探していると話すと、あるサロンでトップの女性と知り合いだということで、その場で彼女の連絡先を教えてもらい、別日にすぐに会いに行き、結果、即入社していただくことができたのです。このような奇跡の出会いもありました。

そういったご縁もあり、準備を始めてから半年ほどで、白金にリラクゼーションサロンをオープン。実は、今お店を支えてくれている仲間のほぼ全てが、こういった信じられないような出会いがきっかけで当店に入ってくれています。日々、アンテナを張って探し続けた結果、今のメンバーは経歴も様々です。整骨院で最年少院長をしていた男性やアロマの先生、タイ古式マッサージ店で長年店長を務めたゴッドハンドなど、各分野で突き抜けたレベルのセラピストが在籍する地域密着の人気店となっています。

最初期のセラピスト採用の際、技術と人柄において一切妥協しなかったおかげで、素晴らしいメンバーに恵まれました。引き続きセラピストは募集していますが、ホームページに載せている現メンバーの高い水準に興味を持った、自信のある人が応募してくれるのは嬉しいことです。結果、質の高いセラピストだけが個性豊かに集う、お客様から見たらより取り見取り、遊園地のようなサロンになりました。妥協しなければ理想は実現できることを、身を持って実感したのです。

このように、理想的なサロンは形になりましたが、それで終わりではありません。お店をより多くのお客様に知ってもらいたい。そこで働いてくれている私が大好きなセラピストたちに、今よりさらに還元していきたい。このお店のために他に何ができるのか知りたい。そう思った私は、白石先生を訪ねたときと同じように、その道のトップに聞くことにしたのです。私が欲しいのは、ただの「意見」ではなく、その道の突き抜けた成功者の「正解」でした。

そこで国内最大手リラクゼーションサロンの創業社長で、600店舗を直営で立ち上げた方のSNSに直接コメントし、これまでの経緯を全て打ち明け、質問をしました。「社長だったら、今あるこの店を仕上げるために、どうしますか?」と。

返事が来るとは思っていなかったのですが、もしアドバイスをいただけたなら、必ずその内容を実行するつもりでした。そして、なんとすぐにご本人からコメントをいただけたのです! 返事の内容はこのようなものでした。

「僕なら今ある白金店に広告費を使うのではなく、近くに同じコンセプトの店を出し、エリアを広げて認知度を上げることに投資をします」

今のお店に集中していた私は、一瞬びっくりしましたが「なるほど、すぐやろう!」と切り替え、その日から2店舗目の物件探しを始めました。

そして今、白金のすぐ近くの広尾にて姉妹店のオープン準備中! 様々な悩みや葛藤を経て、妥協なしで本当にやりたいことを曲げなかったおかげで、今とても幸せです。

私にとって「幸せ」の定義のひとつに、理想を実現していくことがあります。そのために重要なのは、動きながらその都度出てきた問題をクリアし、悩みながらも動いていくこと。「Do! Do! Do!」が自分の基本スタイルだと感じています。

今、何か踏み出したいけれど最初の一歩が出せない、何がしたいか分からないという方がいたら、私からのメッセージは「今思いつく全てを、考えると同時にＤｏ！　してみること」です。

「同時に」というのがポイント。なぜなら、動き出した先にしか次の課題は生まれないのに、ほとんどの人が考え過ぎて、動くということをしないからです。自分が負うと覚悟したリスクの中で、まずはＤｏ！　することで、本気のスイッチが入ります。

最後にお伝えしたいのは「先延ばしにする」という選択は、Ｄｏ！　しているとは言えない、ということです。多くの人は「やる」ｏｒ「やらない」の二択ではなく「やる」ｏｒ「先延ばしにする」の二択の狭間で「まだ決めていません」と言いながら死んでいきます。なぜなら「やらない」と言い切るのも怖いからです。「やらない」と決めて次に進むことはＤｏ！　することと言えますし、Ｄｏ！　していけばしていくほど、仮説と検証の数が積み重なり、打率が上がることで揺るぎない自信に繋がります。

あなたが「やらない」と決めているわけではなく、先延ばしにしている状況なら、一刻も早くＤｏ！　していきましょう。

あなたへのメッセージ

今思いつく全てを、
考えると同時にDo!してみる!

西久保志帆さんへの
お問合わせはコチラ

冠婚葬祭業から転身し
人気スピリチュアル
カウンセラー・占師に
上り詰めるまでの物語と
新たなる挑戦

株式会社珠清 代表取締役
SpiritualHealingSALON 鑑定士 珠清

橋田佳澄

東京都港区麻布で生まれる。高校卒業後、一般職に就職するがここでは人が笑顔になる仕事ができないと気づき5ヵ月で退職。神戸CHOアナウンサースクール専門学校へ入学した後、司会業専門会社へ入社。その後、様々なアナウンス業の経験を積んで独立。個人事業主として18年を経て、現在法人4期目を迎える。

1日のスケジュール

6:00 起床
7:00 メール・SNS・LINEチェック
8:00 ネット情報収集
9:00 移動
10:30 南堀江個人SALONへ出社
来訪者など、
打ち合わせやミーティング時間
14:00 Spiritual Healing SALON　珠清
ご予約鑑定
（対面鑑定・電話鑑定
・天然石パワーストーン販売作成）
23:00 メール・SNS・LINEチェック
24:00 南堀江個人SALONを退社
0:30 帰宅
2:00 就寝

刺激的な人生の始まり

「どちらの出身ですか？」と尋ねられ「東京港区の南麻布です」と答えると、「東京の麻布ですか！」と言われます。幸せそうで豊かなイメージを持たれるようです。そんなイメージがある麻布で暮らした生活は、中学校1年生の4月にあっけなく終わります。

誕生は皇室とゆかりの深い産院と知られる、港区愛育病院。臍の緒が首に二重に巻きついて産声も上げずに誕生しました。家の周りには有栖川公園や広尾駅など、麻布十番に近い都会の真ん中にありながら、大使館が並ぶ閑静な所。父と母と父方の祖母、そして弟と私が、父の建てたマンション上階に住んでいました。しかし、父は仕事人間で、母との結婚当初から別宅があり、本宅には1ヵ月に1度だけお給料日に母に手渡しに帰ってくる程度。私は物心がつくまで、それが普通だと思っていたため、そのことについて特に深く考えたことはありませんでした。

子ども時代の私は、目立つこともなく、声もあまり発しない程の人見知り。しかし、中学生になり、入学式を終えた5月に変化が訪れます。父の勤めていた会社に不利益を及ぼしたため、役員だった父に解任の連絡があったのです。このときの電話を母に取り次いだのが私で、母の顔が真っ青になり、足元から崩れていく様を、子どもながらに冷静に見ていたことを覚えています。そのころから、物怖じしない性格だったのかもしれません。

築き上げるのには何年も何十年もかかるのに、壊れるのは一瞬だなと、当たり前の毎日の生活が、数日で全てなくなってしまう経験をすることとなりました。真新しい制服に身を包み入学式を終えたばかりの翌月、中学1年生の5月に、新たな生活に進まなければならなくなったのです。

大阪に移り住み、新しい暮らしが始まることになりました。父はその後、東京の片付けをしてから大阪に向かうと言ったきり、2~3度の連絡があった後、途絶え、私が20歳の成人式を迎える年まで行方不明となったのでした。

それからも幾度の試練が訪れ、時が過ぎ、もう人見知りだと言っていられないくらい、色んなことを自分で判断して生きていかなくてはならなくなりました。がむしゃらに毎日を過ごし、学生生活も終え、社会人になったある日、ふと立ち止まり考えたのです。

私は、一体何がしたいのだろう。

私は、一体何をするために生まれてきたのだろう。

私には、一体何ができるのだろうか。

幼いころから正義感が強くて曲がったことが嫌い。自分が笑うことよりも人が喜ぶことが好き。人の顔色や様子に敏感で、敏感過ぎて疲れてしまうこともありましたが、苦労した母を見て「自分には手に職が必要だ」と感じ、勉強が不得意だった私には何ができるだろうと考えたとき「司会者になろう!」と決意したのです。

誰にも相談せず、アナウンサースクールに入学。学費はアルバイトを掛け持ちしながら稼ぎ、司会者になるという目標を掲げて、発声や発音・電波・基本知識を習得しました。無事に専門学校を卒業し、司会者としてデビューしたのは、私がまだ22歳のころです。

結婚式の司会者という仕事は、例え大切な人を失っても、どんなに大きなことが自分の身に起きたとしても、笑顔で「本日は誠におめでとうございます」と言わなくてはならない、そういう仕事だ、と叩き込まれました。司会者になるまでは学びの大変さがあり、司会者になれば、宴の一つ一つを生物《なまもの》としてつくり上げていかなければいけない大変さがありました。

それぞれ無二な大変さと、唯一無二を完成できお披楽喜《ひらき》までの一分一秒がどれだけ大切な時間と空間なのかを知り、若くしてたくさんの人生の時間を経験したと思います。

人様の笑顔を見ること、笑顔にする言葉を使うこと、新郎新婦や御家族、お客様を観察してその喜びを言葉に変えることは、このときに集中して学び、身についた宝です。

9年間の司会者業を経て、2001年に初めての個人事業主となりました。第2次ベビーブームが落ち着き、ブライダル事業が衰退し始めると感じ、冠婚葬祭や司会コンパニオン派遣業を立ち上げたのです。

「おめでとうございます」「ご愁傷さまでございます」の両刀使いでの5年間は、まさに「生」と「死」といった、人生のセレモニーの両方を経験。それは、私の人生において、自分自身がどう最後の日を迎えるのか、どう生きるのかを深く考えさせられるきっかけとなったのでした。結婚式と葬祭でも様々なハプニングもあり、これはまたどちらかでお伝えできればと思います。


「チャンスは一瞬だから迷わず掴む」

そこにチャンスがあるのに考えすぎてしまってチャンスを逃すくらいなら、まずは掴んでみましょう！　問題ばかり恐れていては、成長も成功もありません。

困難な山ほど避けずに進む

いざ自分の結婚となると、まさに「結婚はゴールではなく新たなスタートです」と司会者として発していた言葉が身に染みた13年間の結婚生活でした。

初めての出産では2週間もの軽陣痛を経て、帝王切開で出産するも麻酔が途中で切れ、七転八倒でなんとか長女が誕生したと思いきや、乳をうまく吸うことができず、なかなか体重が増えません。毎日「これでいいのか?」と疑問を持ちながら、誰にも相談できないまま3ヵ月後、乳幼児検診があり、次々と来る同じ年の赤ちゃんの元気な姿を見て、これまでの不安が一気に加速しました。

健診で聴診器を子どもの胸に当てた医師から「すぐに病院に行ってください。大学病院で手術も必要になる」と言われ、私の頭と心は色々なことを想像してはかき消して、どうやって自宅に帰ったのかさえ、何ひとつ覚えていません。

翌日、大学病院でたくさんの検査をしてもらい結果が出ました。娘の心臓には大きな穴が開いていて、心臓に送られるべき血液が逆流しているため、手術をして穴を塞がなくてはならなかったのでした。子どもを育てながら母も親になっていくと言いますが、産まれてすぐにこの山が来て、登るしかない山を目の前に、これまでの仕事を全て手放し、手術に向けて奮闘する時間に集中することにしたのです。

娘の闘病生活中、夫といえば、24時間付き添い看護で夜中も泣き止まぬ子どもを抱っこし続け疲れ果てている私を見ても、娘の付き添いを拒んだり退院後の通院もしなかったりと、サポートは皆無。様々な要因はあったものの、それが離婚を決意した引き金になり、先となる２０１７年、およそ1年6ヵ月の離婚調停の末、離婚が成立しました。

「夫婦の山は夫婦で一緒に越えなければ、その後の出来事も共有できない」これが、夫の協力無しでの娘の看病と育児の山で学んだことのひとつです。第二子出産のときも大きなお腹を抱えながら、自分で車に入院の荷物を積んで、車を運転し、出産。退院も子どもと２人で自分の運転で帰って来たことを思い出します。

人は大人でも子どもでも、究極の選択をしなければならない状況になったとき、そこから目を背けるか真正面から立ち向かうかのいずれかでしょう。私を含む子どもたちは真正面から立ち向かい、また違う山を越えるための新たな学びのときが来たと感じていました。

私の子育ては他のお母さんからすると、できていないところもたくさんあるかもしれません。しかし、自分なりに、自分の幼少期を反面教師にしながら育ててきました。私は、物心ついたころから大人や親の顔色を伺った生活をしており、大人の不甲斐なさを見ながら、自分自身がその場面に合わせて子どもになったり大人になったりしてきました。それが苦痛だったため、自分の子どもにはそんなことはさせたくないと、強く思っていたのです。

失敗はどんどんすればいい。ひとりの「人」として尊重して賛同して、一緒に切磋琢磨しながら成長していきたいと思っていたので、あまり子ども扱いはしませんでした。ただの放任主義だと言われるかもしれないですが、もちろん親として人として違うと思うことや礼儀などは伝えます。しかし、これもまた実生活の中で実体験をしながら学んでいくことの方が遥かに多く、そのときに伝える言葉は重要で、私の押し付けにならないように、私なりに最大の配慮を取り入れてきたつもりです。

子どもは自分を認めてほしいという気持ちを多く持っていて、承認欲求を満たすために色々聞いてくるもので、その一回一回、面倒くさがらずに話を聞き、認めていくことはとても大事な行為です。この承認欲求は子どもたちの「努力」や「頑張る」を支えてくれます。

幼少時代の親の愛情不足などで承認欲求が過度になると言われていますが、これはまさに「愛情不足」＝「認めてあげること」だと思います。親の共働きだったり片親だったりして、子どもと接する時間が少ない家庭の子どもに承認欲求を強める、と言う人もいますが、そうではなくて、それぞれの環境や遭遇は変えられないのだから、その中でいかに短い時間であろうと子どもを認めること、尊重することの方がどれだけ大切なことかと思います。

現在、娘たちも大学生と高校生になり、それぞれのやりたいことを見つけて、楽しそうに文句も言いながら、今では3人と愛犬・愛猫と一緒にルームシェアをしているようなスタイルで生活しています。夏とお正月の家族旅行は、目的が一致すると集結するといった不思議なバランスです。

人生には幾度も乗り越えなくてはならない人生の山があり、その直面した山をそのときに越えることをしなかったとしても、必ずまた越えなければならない山がやってきます。しかも、ややバージョンアップして訪れるんです。

それならば「早く越えてしまった方がいい」そう思ったので、今の私があるわけなのです。

予約の取れない占い師から法人化への決意

２０１４年、大手占いの館に所属することになりました。当時まだ離婚を決断し切れていない理由のひとつに「生活力」があったからです。子ども2人と母を養うためには、生活力を持たなければならず、覚悟を持って占いの館に入り、突き進む決心をしました。

占い師の仕事は、初回のお客様にリピーターになっていただき、ファンになっていただくことが大切です。これまでの司会業や派遣業でも、お客様の笑顔や幸せになることだけを考えてきたため、後から考えると、それが成果につながったのだと思います。

黒をベースの小部屋の暗闇で、人様の話を真剣に聞くあまり「怖い鑑定士」と言われたときもありましたが、お客様も私の特徴を掴んでくださり、徐々に口コミで広がり3年目を迎えるころには「予約の取れない占い師」として、上り詰めることができたのです。

「ファンに繋げなければ」と、自分のブランディングをすることにし、鑑定の内容は真っすぐにお客様に伝えるスタイルにしました。どんなに綺麗な言葉を使い、所謂、アゲ鑑定をしたとしても、そのときだけの盛り上がりでお客様は悩みの根源の解決にはなりません。また、自身の経験と人生の積み重ねが言葉の重みとなり、伝える力となります。経験のない人に、その方の人生を語り助言するなんてとんでもない、と感じていました。

お客様と真っ直ぐ向き合うことに集中した結果「ズバリと言ってくれる先生」「鑑定と鑑定後のアドバイスが良い」「本気で怒ってくれる」「占いだけど先生の言葉は衝撃的」など、次々と口コミがお客様からあがり、2年が過ぎるころには、占いの館で週5日12時から22時の出演に加え、365日休まず深夜0時から早朝5時まで電話占いをすることに。これをそれでも予約が殺到し、まさに「予約の取れない占い師」へと駆け上がりました。これを5年間続けたということが、今の鑑定士としても私の形成であったと感じています。

5年間、前だけを向いてスーパー駆け足で猛進したとき、占いの館に変化が訪れました。ふと気がつくと当初20名弱だった占い師が数百人規模になり、店舗も北から南へと全国に広がり、大きくなっていたのです。しかしその反面、受付廃止になり、占い師が業務と鑑定を行わなくてはならない店舗が増えていきました。人件費削減は経営にとって大切だと理解していても、1秒も延長することなく時間内に満足していただくために、かなりのエネルギーを消耗するわけで、その他の業務を請け負ってくれる受付の存在がなくなることは、私にとっては致命的な負担でしかありませんでした。その前に、また違う山が訪れることを感じていたので焦ることなく、次の山に向かう準備を始めたのです。

一般的に占いの相談は恋愛や人間関係が多いのですが、そのころから私の元へ訪れるお客様は大手会社の経営者や教育関係・起業家・医療関係・法律関係と、ビジネスに関連する方からのご相談が多くなっていたのです。あらゆる業種のアルバイトの経験があったり、ビジネスに深い関心があったり、離婚や養育・相続・ストーカーなどの分野も実体験から法律に関する知識があったりしたため、相談者に寄り添う鑑定ができました。

次第に、お客様は国内外を問わず遠方からのご予約も増え、そろそろ自身の転換期だと感じ、次の山に向かう準備として占いの館の委託業務を辞め、独立を考えます。

個人事業主としての良し悪しを感じていたことと、今後のことを考えたときに訪れてくださるお客様が経営者ということもあり、法人として設立をした方が、これからの目標や資金融資時に利点があるのでは、と考えるようになりました。目標は「占い館を出すこと」だったので、これを実行するために法人を設立することに。令和元年11月11日「株式会社珠清」設立。同年12月「Ｓｐｉｒｉｔｕａｌ Ｈｅａｌｉｎｇ ＳＡＬＯＮ 珠清」オープン。令和3年9月「占い館　叶～ｋａｎａｅｒｕ～」をオープンしたのです。

自分でしか自分の人生を走ることはできません。私もこのとき「自己中に人を幸せにすることと謙虚であることを心に自分を奮い立たせ目標に向かってひとりでも走り続ける」と言い続け、決めたからには、何がしたい？　どうなりたい？　と、目の前の自分に問いかけていきました。その結果が法人設立です。そして、新たな目標に突入するのでした。

人生は自分のもの。いざ挑戦の中へ

物が溢れる世の中で「価値」を提供するか「便利さ」を取るのか選べる時代になりました。占いで例えるなら、占い師と会わなくてもSNSやネットで簡単に占いができます。だからこそ、私たち占い師に会いに来て鑑定を受けてくださるお客様にとって、他にはない「価値」を提供し続けられる占い師が必要だと感じ、占い師の育成と環境づくりに力を注いでいます。

さらに今、新しい分野に向けて展開中です。2年弱にわたり教示をいただき、学びを少しずつ深めていく中で「再生医療」と出会いました。もともと、心と体の繋がりや自分自身の生きる力や「免疫力」に、とても深い関心があったのですが、崇高な心温かい先生方の言葉一つ一つに学びと感動があり、この度スタートラインに立たせていただくことができました。「間葉系幹細胞」の未知なる産物を、現代の医学では未解決の難病や高齢化社会問題が進む中で、人生の老いをいかに健康的に向き合えることができるのかをお伝えしたいと考えています。これもまた本物の「価値」のある「再生医療」を必要とされるみなさまへ、お元気に健康であることだけを心に刻み、繋げて参ります。

弊社の取り組みはre: sai《心・美・体》部門を立ち上げ、日本から世界へ、世界から日本へ再生医療を広げていきたい。そして、再生医療の出会いとなりました、今から先への医療合同会社のメディカルアテンダーを任命頂きしっかりと役割を担って参ります。

このように、私はまだ人生の挑戦中。私にとっての結果はまだ挑戦の中にあり、これからも毎日が挑戦との闘いと何事も諦めず進んでいきます。人生はまさにチャンスとどん底の繰り返しであり、目の前にあるチャンスは、迷わず掴む！　それから考えればいいのです。どん底はあまり無い方がいいのかもしれませんが、私はどん底のときにしか味わえない、人間関係や物事の経験が人間的成長を与えてくれているのだと思います。

また、自分が「やるぞ」と決めたことに対して、どれだけ集中して熱くなれるのか、限られた今世、覚悟を決めてやり遂げたいものです。

ここまでお読みくださって、ありがとうございます。最後に……。

自分の人生は他の誰のものでもない。自分自身のためにあります。今の自分がこれからどう生きるのか、与えられた時間をどう使うのか、少しでも考えるきっかけとなれば幸せです。

「苦」の後のたくさんの「幸」を掴んでください。

あなたへのメッセージ

チャンスは一瞬だから迷わず掴む。
それから考えても大丈夫。
勇気を持って！

橋田佳澄さんへの
お問合わせはコチラ

インドの伝統的なヨガと出逢ったことで気づいた人生を自分らしく自由に生きるヒント

Kiranah 代表
飲食店経営／ヨガ講師

橋本愛子

1983年、静岡県生まれ、和歌山県育ち。2012年に、インドで学んだ伝統的なヨガで、心と身体の健康を取り戻してから、講師として活動。現在、「食で心と身体を健やかに」をテーマとした「Ｋｉｒａｎａｈ」を経営し、スタッフの個性を尊重し、人と人とが調和していく仕組みづくりに取り組む。ヨガと食・暮らしを繋げる場として、ヨガスペース「きらな道」も始動。オーガニックマーケット「きらな市」の主催のひとりでもある。

1日のスケジュール

6:30
起床・お祈り（今日も一日をスタート出来ることに感謝）・猫の散歩やヨガ、時々二度寝

7:30
夫の炊いた玄米で朝ごはん、気が向けばお弁当作り

8:00
メールチェック・業務連絡・身支度

9:00
Kiranahへ出社又はヨガ教室
Kiranahの営業もしくはヨガ教室後に事務作業や家事など

18:00
帰宅後夕食やお風呂

19:30
ヨガ教室または
オンライン勉強会や事務作業、時々のんびり、
猫と遊んだり家族会議

22:00
大体就寝（知らぬうちの寝落ちもしばしば）

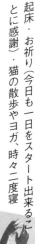

何にも縛られず、自分らしく自由に生きるヒント

人生を自分らしく自由に生きる。

誰もが望んでいることではないでしょうか。けれども、「自分らしい」って何でしょう？本当の自由とは？　誰もが望んでいながらも「人生を自分らしく自由に生きる」って一体どういうことなのか、漠然としていて、戸惑う人も少なくないかと思います。

私のページでは、本当の自分を生きることができていなかった私に起こった、様々な症状や出来事などをお伝えした上で、「本来の自分」を取り戻したきっかけや、そこから一転して変わり始めた人生、そして今に至る流れを綴らせていただきます。


現在、いわゆるカフェのオーナーである私は、実は飲食店を経営したいとは、少しも思っていませんでした。「カフェをやってみたい！」と夢見ている方が、そのノウハウを知りたいのであれば、その秘訣なんかは少しも出てこないかもしれません。ごめんなさい！

しかし、「自分らしく生きるって何？」と思っている方には、私の数々の失敗と経験を知っていただくことで、何かヒントを見つけていただけるはずです。きっと。

昭和生まれの私は、静岡県浜松市の小さな助産所で産声を上げました。生まれてすぐに、父親の実家がある和歌山県へ引っ越し、山や川・海、自然溢れるこの地ですくすくと育ちます。小学2年生で転校するころまでの私は、生まれながらにして誰もが持っているであろう愛に溢れた子どもだったように振り返ります。

以前、自身の経歴を話す機会があり、幼いころの自分を知るために母にインタビューをしました。その中で、とても印象深かったのが、母が雑誌に投稿したという、私のことを書いたコラム。「あいちゃんの自転車」というタイトルで、このような内容が綴られていたそうです。

2歳半の私がもらったおさがりの自転車は、近所の子どもたちに大人気。自分の物であるにも関わらず、私が周りの子に「ちょっと乗ってもいい?」と聞く始末。「気が弱い子だな」と、母は少し不憫に思っていたそうです。ある日、近所の子が乗り捨てた自転車を私が片付けているときに母が、「あいちゃんはそれでいいの?」と聞くと、私は「あの子は自転車を持っていないから、貸してあげるんだよ」と言ったそうです。そのときに「この子は気が弱いのではなく、気が優しい子なんだ」と、否定的に見てしまっていた我が子の良いところに気づいた、というコラムでした。

かすかな記憶を辿っても、そのころの自分の楽しみは、少ないお小遣いを握りしめて、近くの商店で母や弟・妹へ、小さなプレゼントを買うことだったなと思い出します。幼少期の私は我の強い方ではなく、純粋に人の喜ぶ姿を見て嬉しいと感じる子どもでした。

大人になると、幸せの定義を外へと求めてしまいがちですが、間違いなく幼少期の私は、母に褒められたいからという理由で友だちに優しくしたわけでも、弟や妹に好かれたいからという理由で贈り物をしていたわけでもありません。誰かにどう思われたいかなど考えることもなく、自然と行ったことで、自分の愛で、誰よりも自分が満たされていたのだろうと感じます。経験や重ねた月日の中で培われていくものも尊いもので、今の自分を形成するひとつではありますが、生まれながらにして持っている性質や感性などもまた、同じく尊いものだと感じています。

随分とタイムスリップして始まりましたが、実はこの幼少期の私は、時を経て、30年後の私に自分を生きるヒントをくれたのでした。時代の流れや教育、溢れる情報の中で、知らず知らずのうちに心の眼差しにフィルターがかかり、それを通して見る世界は、固定観念や常識にかたどられ、自分らしさから遠のいていることがあります。自分の命を輝かせ、「私だからできること」で生きていくために、心のフィルターをクリアにすることは何よりも大切なことです。もし、あなたが今迷っているのであれば、誰の中にも存在する、心の奥の「愛に溢れた小さな自分」にヒントをもらってみませんか？

隠れゆく本質とヨガとの出会い、インドへ

小学2年生で転校した後、いじめを受けていたようです。当時は、あまり自覚がありませんでしたが、よく靴がなくなったり、ランドセルにたくさんのカエルを詰められたり、犬のうんちを投げられたりしていました。子どもの悪戯のようなものですが、当時の自分の写真を見ると、暗い表情ばかり。からかわれていた静岡弁混じりのイントネーションも、おさがりの自転車も、このころから恥ずかしいと思うようになり、どんどん自分に自信を持てなくなっていきました。

押さえ込んでいたものが爆発し反抗期を迎えた中学時代は、母の胃に穴を開けるほどで、弟や妹は押し入れに隠れて震えて泣いていたそうです。家でもうまく自分を出せなくなった私は、形ばかりの恋愛で現実逃避し、居場所を探していたように思います。高校、短大と成長していく中でも、母には心配ばかりかけてきました。働き盛りだった父は夜中に帰宅し、早朝に出社する日々で、故郷から離れた土地で子育てやパートに忙しくしていた母は、どれだけ頑張ってくれていたことか。しかし、当時はそんな気持ちを理解することもなく、20歳になった私は母の反対を押し切って、家出するように同棲を始めました。

そのお相手とは、その後2人で焼き鳥屋を営むことになり、夫婦となります。

トラック運転手だった夫と世間知らずの私が始めた焼き鳥屋は、案の定うまくいかず、食べていくのもままならない日々。それでも、「今の道は自分で決めて歩んでいる」ということが嬉しく、また「自分で決めたんだから後戻りしない」という気持ちも強くありました。気は優しくも強面な夫の隣で、いつも笑顔でいることを忘れずに、母譲りの真面目さと父譲りの忍耐強さで、日々コツコツと真面目に正直なものをつくっていれば必ず報われると信じ歩んできました。そして、7年経ったころには、たくさんのお客様に恵まれます。ドラマや映画ならば「めでたしめでたし」と、努力や誠意が報われたストーリーの完成でしょう。しかし、あるときお客様が来ると、夫が焼き台の前にしゃがみ込み、大きな身体を震わせ、真っ青になり、立ち上がれないようになったのです。夫はパニック障害、鬱と診断されました。

それから2年、アトピー体質とストレスで、荒れて膿の出る指を包帯で隠し、夫の代わりに焼き台に向かっていたころ、待たせすぎて帰ってしまったお客様から「二度と行かない」と口コミを書かれ、心身共に疲れていた私は、その当然のコメントに「夫の役にも立てない。大切に育ててきたお店も守ることができない」と、自分の無力さに絶望し、深く落ち込みます。そしてある日、私は息がうまくできなくなっていました。過呼吸です。心も身体も悲鳴をあげていました。

今まで、お店のおかみさんとして、妻として「お客様のために」「夫のために」と考えることはあっても、「自分のために」と考えることがほとんどなかったということに気づき、他の誰でもなく、自分のための時間を持つことを決め、ヨガを始めます。週に一度教室に通う中で、ヨガはただのストレッチではないことを知り、たまたま見つけたヨガ哲学の本の言葉に、今まで悩んできたことの答えがあるのではないかと感じました。

ヨガの真髄を学ぶべく、インド行きを決意しますが、倒れかけたお店を立て直すことに奮闘してきた20代は海外旅行など行く余裕がなかったため、当時の私にとって、1ヵ月のヨガ修行は、精神的にも金銭的にもとても勇気のいることで、半分死ぬ気で決心したのです。

そうして初めて訪れたインドは、自分を取り戻していく大きなきっかけとなりました。毎日ヨガをして、現地のおばさんたちがつくってくれた野菜たっぷりのご飯を食べ、ヨガのレクチャーで生きる意味を学び、自分の思考の癖を知り、一生の仲間や恩師に出会い、大自然の中で1ヵ月過ごした私は、生まれ変わったように心も身体も元気になったのです。インドはその後何度も訪れることになる、大好きな場所となりました。

自分が幸せでなくては、誰かに幸せを分けることはできないということ、自分を愛していなければ、本当の意味で誰も愛せないこと、それを頭で理解するだけでなく、全身で強く感じました。そして、寄り添い同じ時間を過ごすことだけが「愛」ではないと気づき、同志であり、家族であった夫と離婚することを決めたのです。「一番の罪は自分を生きないこと」この言葉をヨガの学びで目の前にしたとき、私は随分長い間、自分を生きていなかったことに気づきました。

「夫のため」と尽くしていたように見えることは、知らぬうちに夫も自分も苦しめ、世間から見た幸せの形は、私たちには当てはまらなかったのです。私たちは、自分を生きるため、お店を手放し、２人での生活を終えました。

頑張り屋さんで人に尽くした日々は、世間からは「いい人、いい妻」でしたが、本当の私を見失い、本当の幸せからも遠ざかっていたように思います。幼少期と同じように、優しさから人に尽くしているように見えて、大きく違っていたのは、行動や思いが「こうあるべき」という固定観念からきていたということ。自分の中の「愛」からの行動は、自分自身が愛で満たされ見返りなど求めないものですが、固定観念や恐れや不安からの行動は、美しく見えたとしても、自分自身や他人を縛ることにも成り得ます。自分の行動や思いがどこからきたものなのかを見つめることは、とても大切なことです。

二度目の離婚からのキラナな日々

これは二度目の離婚のときの話です。強い喪失感と悲しみで終わった二度目の離婚。しかし、目を逸らしていたことに向き合い、苦手なことを克服し、自分の軸を再構築していくチャンスを与えてくれました。

ヨガ講師の傍らお手伝いしていた、当時の夫が経営していたカフェのうちの1店舗を私の妹が店長を務めてくれていたこともあり、離婚と同時に姉妹で引き継ぐことになります。そのタイミングで妹との二人暮らしも始まり、荒れてしまった思春期にできなかった姉妹の時間を取り戻せたようでした。しかし、人生予期せぬことが起こるものです。

ある日、妹から「やり残した夢がある。和歌山を出たい」と、目を潤ませながら告白されました。落ち着いたら店を妹に譲ろうと考えていましたが、私は何の迷いもなく、「行っておいでよ！」と背中を押したのです。当時、妹がつくるガレットやクレープがとても人気のお店となっていました。これからどうしたものかと考えていたとき、お店がある場所に初めて出会ったときのことを思い出します。二度目の結婚はお互いの考え方の違いから悩むことが多く、そんなとき気分転換にと行ったドライブで偶然この場所に行き着いたのです。山の上から海を見渡すことができるこの場所に立ち、自然の中で深呼吸をすると、波立つ心の奥深くにある、穏やかで優しい自分の心を取り戻せるようでした。お店を始める前から、私はこの場所に力をもらっていたのです。山の木々や草花、大空で風に乗る鳶や小鳥、時々顔を出す動物や虫、そして広がる海！　自然の調和を全身で感じられるこの場所で、私たちも調和を目指していこう！　自然と熱い思いが溢れてきました。

この場所で生み出していくものは、その場かぎりの「美味しい」ではなく、明日を生きる力となるものにしたい。この場所に集まる仲間とは、常識や固定観念に縛られずに、それぞれの持つ個性を生かし合いたい。自然を敬い、自然体で生き生きと過ごしたい。そういった想いから、この場所を「Ｋｉｒａｎａｈ」と名付けました。サンスクリット語で「光の道筋」という意味があり、関わる全てのものにとって、光の道筋となるような場所を目指していく、という決意を込めたのです。

このころに、大好きなヨガ仲間から教えてもらった「マクロビオティック」という食事法の、食で平和と調和を目指す概念にヨガとの繋がりを感じ、その資格を取得し取り入れていくこととなります。しかし、Ｋｉｒａｎａｈになる前からお店を支え続けてくれている、パンやお菓子づくり担当の彼女には、マクロビを取り入れたランチをつくり始めてからも、これまでつくっていたものをすぐに大きく変更してもらうことはしませんでした。

急に方向転換した先に突っ走るのではなく、一緒に働くひとりひとりの気持ちも尊重して歩んで行きたかったのです。何かを生み出すときに、素材や調理法はもちろんですが、作り手の思いや姿勢もとても大切だということは、焼き鳥屋時代の夫が生み出す「美味しい」ものからも学んだことでした。

ただひとつ、彼女にお願いしたことといえば、卵アレルギーのある彼女の息子に向けて、「安心して食べられるものを、息子を思ってつくってほしい」ということでした。私たちが本当に食べたいものや、大切な人に食べてもらいたいものをつくっていくことは、食事法云々よりも大切にしたいことであり、今もＫｉｒａｎａｈの根底にあります。

そうして歩みを進めていく中、私の決意とは裏腹に、日に日にお客様の足は遠のき、経営状況は悪化していきます。経営はままならない中でしたが、「息子へ」とつくり始めた彼女の焼き菓子は、卵はもちろん、乳製品や白砂糖も不使用となり、アレルギーを持つ方やヴィーガンの方、そしてそうでない方も、皆一緒に美味しく食べられるものへと変わっていきます。ある日ふと、「バターも卵もなくたって、美味しいものってつくれるんや!」と彼女が伝えてくれたとき、自分自身で見出してくれた答えだったからこそ、心の底から嬉しかったのです。大切にしたいのは、早く前に進むことではなく、時に立ち止まり、速度が落ちたとしても、誰の気持ちも置いていきたくないということ。自分が心からつくりたいと思うものをつくることに妥協してほしくないということ。そうやって、仲間と一緒につくり上げていく中で、とても大切にしている言葉があります。「もしあなたが、急いで行きたいなら、一人で行きなさい。しかし、もしあなたが、遠くに行きたいなら、一緒に行きなさい」というアフリカのことわざです。ゆっくりと遠回りしながら歩む日々は、皆で歩むからこそ辿り着ける場所があって、道の中で過ごす時間や経験・失敗までもが学びとなっていきます。私は、皆で景色を見たいのです。辿り着いた先の景色だけでなく、時折見渡すと見える景色全てが、愛しくかけがえの無いものとなっていきました。

家庭があり、子どもがいるスタッフも多く、あるときには店長を2人にするなど、常識や固定観念に縛られずに働きやすい環境やチームづくりをしていますが、時には失敗もあります。しかし、失敗を真正面から受け入れ、その中から学ぼうとする姿勢は、失敗を希望に変えることができるのです。安定してきた経営の矢先に、コロナ禍へと突入。私たちも随分と悩むことがありました。そんな中でも、ひとつひとつ乗り越えられたのは、それまで積み重ねてきた「愛」ある選択で育んだものがあったからでしょう。いつしかこの場所を、私以上に大切に思う仲間に随分助けられました。それまで地元の方に受け入れられにくかった酵素玄米の食事も、免疫力をつけようと食への関心を持つ方が増え、喜んでくださる方が増えました。この場所で、少しずつ「光」は広がっていたのです。

自分に還るということ

随分と遠回りしました。ありのままの自分を愛せなかった学生時代。いつしか幸せの定義を世間から見た幸せの形に当てはめてしまった20代。そして、大切な人や自分の心や身体が壊れて、初めて自分を生きていなかったことに気づき、このままではいけないとヨガに出逢い、少しずつ軌道修正をしてここまできました。私が出逢った伝統的なヨガは、教祖や大先生を拝み崇めるものではありません。何かに依存するのではなく、信じるのは自分自身であり、学びの中で生きる力を取り戻していくものです。

置かれた環境や世間・社会の中で、霞んで見えなくなっていた、私が持って生まれた優しい性質は、少しずつ剥がれ落ちていくトラウマや、固定観念・不安や恐れの向こう側に、ちゃんと今も残っていました。お小遣いを握りしめてプレゼントを買いに行ったり、もらったばかりの自転車をゆずってあげたりすることとは形は変わりましたが、あの頃と同じ心で行動することで、自分の心が満たされ幸せを感じるのです。

この本の中には、キラキラして見える方がたくさんいらっしゃるでしょう。近年、女性起業家が増えています。私も、女性経営者ではありますが、主婦だろうと、パート勤めだろうと、起業していようと、肩書きであなたの価値など変わりません。本来あなたはありのままで美しく尊い存在なのです。大切なのは、大業を成し遂げることではなく、持って生まれたあなたの性質を思い切り表現していくことではないでしょうか。そしてそれは、ひとりひとり違っていて当たり前。外側からの評価を追い求めることは、他人の枠の中に自分を当てはめて生きていくこと。自分の心が喜び、求める方へと歩みを進めてください。

そのために、自分の本当の声を聞くことを忘れないでください。大丈夫、はじめはうまくいかなくとも、自分に正直であることでその思いに賛同してくれる人は必ず現れます。

私たちの人生は、魂を成長させる過程です。何になったかよりも、何をやったのか、そしてその行動の原動力は不安や恐れからではなく愛からきているのか、歩む中で起こる問題にどう向き合い乗り越えてきたか、それによってすべては生きる糧となり、自分らしさへと繋がっていきます。そして、どんな小さなことであっても、愛から行動することは、世界に愛を広げていくことになります。どんな時代だろうと、それはきっと何より大切なことなのです。あなたの踏み出す一歩が、愛からの一歩でありますように。

最後に、何もかもありのまま私らしく綴ればいいよと、背中を押してくれた今のパートナーや、どんな私も受け入れてきてくれた大好きな家族や仲間、最後まで読んでくださったあなたに、感謝と愛を送ります。

あなたへのメッセージ

自分の心が喜び、
求める方へと歩みを進めてください。
そのために、
自分の本当の声を聞くことを
忘れないでください。

橋本愛子さんへの
お問合わせはコチラ

周りからのアドバイスで決断した起業！今までの「経験」を仕事に変えた人事コンサルティング事業

株式会社Twinkle 代表取締役
人事コンサルティング

馬場己喜

1974年、大阪府出身。短期大学卒業後メーカーの社長秘書として10年程従事、結婚のため退職し東京へ。出産・子育てを経てＩＴ企業へ再就職。ＩＴ企業の子会社設立に６年間奮闘するもドクターストップで退職。その後、障害者支援施設設立、医療業界経営改善などＩＴ企業人事責任者として従事。2020年３月ＨＲコンシェルジュとして独立。現在、複数の企業にて採用から退職までのリソースをコンサルティングから実務まで幅広くサポート。

1日のスケジュール

リモートワーク時

6:30 起床・家事・息子たち送り出し
8:30 業務準備
9:00 業務開始
18:30 夕飯づくり
19:00 夕飯
20:00 家事
21:00 お風呂
22:00 明日の仕事準備
23:00 晩酌
25:00 就寝

自分の道を諦めない

私は現在、ベンチャー企業を中心に人に関わる問題を解決に導く仕事をしています。私がなぜこの仕事を選び、独立したか、その経緯についてお話ししましょう。

私は大阪商人の娘として自由気ままな生活を送っていました。毎週末は、たくさんの客人を招いてパーティーをするような家で、明るく迎える父の姿を見て「おもてなしの心」を自然と学んできたように思います。しかし、幼少期の私はホームパーティーが苦痛でした。それが将来、私の役に立つとは、このときは思ってもいなかったのです。

就職活動をしていたとき、父に「就職先は決まっているから、お父さんに任せればいい」と言われました。そのとき「私の人生はないの?」と思ったのです。親の敷いたレールの上では生きたくありません。大手企業からスカウトがきましたが、蹴り、親の反対を押し切って老舗メーカーに就職。入社後、総務に配属されたのですが先輩が全く尊敬できず、「私が上になってやる」という思いで必死に仕事をしました。しばらくすると先輩は退職し、給与関係や人事などが私の仕事になったのです。

他にも、「何でもやる！」というマインドから、飲み会やゴルフの幹事まで引き受け、2年目には社長秘書へ抜擢。そこから私の人生に変化が訪れます。

私が支えた社長は財閥家系で、わがままでなんでも自分の思い通りになると思われているような方。私は社長の心を掴めずに1年が過ぎ、周りからも心配されていました。しかし、私は「社長秘書として歴代1番になる」と決めていたため、社長が求めることをなんでもやろうと努力したのです。世の中にはできないこともありますが、社長は「貴女はできないことでもできる秘書だよね？」とおっしゃり、その言葉で私は頑張ることができました。あらゆる努力の甲斐あって、社長の信頼を得ることができたのです。

しかし、社長秘書として邁進していたとき、結婚が決まり東京に行くことに。苦渋の決断で社長の元を去ることにしました。

退職し、東京で暮らして半年が経ったころ、社長が東京まで来られ、私たち夫婦に頭を下げたのです。「手伝ってほしい仕事がある」と。プライドが高く、私に頭を下げることなんて一度もなかった社長が！　その後1年間、月曜日から木曜日は大阪に単身赴任をしながら仕事をしました。そして、私は社長にとって歴代ナンバーワン秘書になったのです。

その後、出産。社長は本当のおじいちゃんのように息子を可愛がり、抱いてくれました。

このように、社長とは家族ぐるみのお付き合いができる信頼を得て、念願の歴代1番秘書になれたわけですが、辛かったことはたくさんありました。

私が秘書として一番辛かった経験は、銀行貸付がうまくいかず、社長が銀行に頭を何度も何度も下げる姿を見たときです。数百名の社員を守るため、新しい事業をするため、資金調達を必死で行う姿を、私は一生忘れることがないでしょう。そのような社長を、今でも尊敬しており、大好きな人です。

あれから数十年経過していますが、今の私があるのは、無理難題を言う社長に仕えてきたからだと自負しています。そして絶対に諦めない忍耐強さを、私はこのとき身につけたのです。

先が見えないとなかなか不安になり諦めてしまうと思いますが、絶対に「このようになりたい」と思うことがあるならば、諦めずに自分を信じ頑張れば必ず実現できると思います。そのためには、目標設定が何よりも大切です。私は毎回、何をするときにも目標設定を明確に行います。最終ゴールを想像しておくと、その道のりが険しくとも人は頑張れると、私はそう信じています。

再就職を繰り返す私が学んだこと

前職の社長の元を離れ、1年ほど大手企業の秘書をしましたが、大手秘書は魅力を感じず、次男が3歳になる年に再就職活動を開始。しかし、再就職活動は本当に厳しく「小さいお子さんがいるんでしょ?」「こんなところに住んでいたら働かなくてもいいのでは?」などと言われ、涙を流しました。「秘書枠だけでなく立ち上げ企業なら私が求める刺激ある仕事ができるのでは?」と思い応募枠を広げたところ、2社から内定。1社は社長秘書、もう1社はIT企業の子会社立ち上げ社員でした。当然、秘書求人を探していた私は社長秘書の会社の方を受けようと考えていました。しかし、内定承諾前日、IT企業の最終面接が入り、ある人との出会いで私の運命が変わったのです。

その人は強面で、ザ・エンジニアでロジックな質問ばかり。気楽に面接を受ける雰囲気ではありません。面接でこんなに説明させられたことはなく、「何この人!」と思っていました。しかし、話をすればするほど温かみを感じ、感動して涙が出てきたのです! 「なぜ涙が?」とパニック。それと同時に「この人と働きたい!」そう思ったのです。社長秘書の仕事は断り、内定した企業の中で一番大変で一番給与の安い企業に再就職を決めました。

入社後に、ＩＴ企業の子会社（障がい者就労支援）が設立され、私はプロパー1号でした。スタートアップということもあり、忙しい日々が続きます。保育園に通う子どもたちを残して仕事三昧の毎日。３６５日24時間必死に働きました。ＩＴ企業は男性社会。なかなか女性が上に上がることは困難な環境がありました。そんな中、私が面接で一緒に働きたいと思った上司（Ｓ）は、未経験の私に経営ノウハウやチームワークの大切さ、仕事の仕方を教えてくれました。泣くことや上司と喧嘩することもありましたが、仲間が支えてくれたこともあり、女性としては異例のスピードで経営層の仲間入りをしたのです。

ビジネスマンとしてやりがいを持ち仕事に没頭する中、気づけば息子たちはママから離れ、パパの言葉しか届かなくなっていました。さらに、健康診断で乳がんの疑いが出たのです。そりゃそうですよね。6年間2時間睡眠で過ごしていたのですから。「幼い息子たちを残して死ねない」と思った私は退職を決意。大好きな社長の元を去るときと同じように、今回も苦渋の決断でした。退職する間際に、とある社長が「東京に障がい者支援施設を設立するから協力してほしい」と言ってくださり、退職と同時に転職をしたのです。

前職はベースがＩＴ企業でしたが、次の仕事は「１００％福祉」。この環境に慣れるのは大変でした。スピードや考え方・やり方が今までと違い、費用対効果や成果を求めてきた私は、社員を叱ることも多々ありました。そんなある日、社長に「今の馬場さん、嫌い」と言われたのです。私はいつの間にか笑顔を忘れていました。小さいとき、大好きな祖父に「お前は美人ではないが、人を照らすほどの最高の笑顔がある」と言われて育ったことを思い出し、それからは、常に笑顔で社員たちと接するようになりました。

それから数ヵ月後、ヘッドハンティングでクリニックの院長から声が掛かったのです。基盤もでき、「仲間に後を任せても大丈夫」と思ったこともあり、転職することに。そこでは医療法人にするという目標があったため、院長秘書として経営に携わることになりました。新たな勉強と試練があり、大変な日々が続きます。そのときから、自分の仕事について真剣に考えるようになりました。「ここでは私の視野が狭くなる」と思い、今度は大手グループ企業子会社に最後の転職をしたのです。

最後の転職先では人事責任者として仕事をしましたが、そこで「ハラスメント」被害に遭いました。昭和女の私はあらゆるハラスメントには慣れていましたが、陰湿なイジメには耐えることができず、今まで交流のある色々な社長に相談をしたのです。すると、どの方もアドバイスは同じ「貴女は起業すべき。雇われ社員の器ではない」と。毎日考え、悩んだ末、楽しくない仕事を続けるより人生をかけて独立をしよう！　と決断。

起業するまでの間は、ハラスメントを受け続けました。上司に全否定されたり無視されたりし、本当に辛く「なんでこんな目に遭うの？　偏差値の高い大学を卒業していないからだ。美人じゃないからだ」など、自己肯定感がどんどん低くなります。毎晩泣きながらアルコールを摂取する日々が続きました。そんな中、上司Sの口癖「正しいか？　正しくないか？　それが相手のためになっているか？　を考えて仕事しろ」という言葉を思い出します。そして、毎日ノートに振り返りを行ったのです。「なんとかなるから大丈夫！」と思えるまで書きました。さらに、このとき息子たちに「ママが辛いなら仕事辞めていいよ。今のママ、好きじゃない」と言われたのです。「変わるなら『今』。決断しなければ明るい未来はない。もし失敗しても、なんとかなる」と思い、退職をしました。

2020年3月、独立。なんと起業した瞬間、コロナで緊急事態宣言が発令。周りからは「大変なときに独立したね」など、ネガティブなことを言われましたが、ありがたいことに管理部門を問題視している企業様よりオファーをいただき、採用活動や教育・給与計算・労務・退職面談・ハラスメント窓口・人事評価制度など、あらゆる仕事をいただき、無事スタートを切りました。今思えば、あのハラスメントがなければ、私は人の弱さを知ることもなく、今の私はいなかったと思います。あのときは辛かったけれど、今はあのときのハラスメント上司に感謝しています。「貴方のお陰で今があります」と。

働き方を常に問う「これでいいのか？」

私は有名大学卒ではないし、誰もが知っているような大手企業で働いたこともありません。しかし、幼少期から「おもてなし」を学ばせてくれた父の教育と、私を育ててくれた上司に出逢えたことは、最高の宝です。努力と根性と行動力だけで、あらゆる問題と難関に向き合ってきましたが、それは特別でもなんでもありません。よく「馬場さんだからできるのよ」と言われますが、私は目標を立てて達成するまで頑張っただけです。

再就職したとき、上司Sに「プライドなんて不要。捨ててしまえ！　どれだけ偉くなっても素直と謙虚さを忘れるな」と、毎日のように言われ、真っ直ぐに精進してきました。もちろん今の時代は、あのような働き方は絶対にダメです（労務担当をしている私が一番理解しています）。でも、何かに没頭したり相手のために必死に仕事をしたりしてきたから今の私があります。今の私は「お金持ちになりたい！」などという気持ちはなく、「どれだけ世のため人のために仕事するか？」を基準で考えています。そう思ったのはハラスメントを受けて自信がないときに、多くの人に支えられたからです。私が「忘年会しよう」と言ったとき30人以上の仲間が喜んで集まってくれました。このときに私は「頑張ってきてよかった」と思ったのです。上司Sが私に言っていた「私利私欲で仕事をしていたら人はついてこない」という言葉通りにやってきたからだと思います。

いくつもの転職を繰り返してきた私ですが、転職する度に「この働き方でいいのか？」自問自答し、子どもたちに聞くこともありました。子どもたちの回答はいつも同じ「ママはどうしたいの？　僕たちはママが楽しかったらいいよ」と。私にはそれが「余裕を持ちなさい」というメッセージに聞こえたのです。私が転職を繰り返していた時期、夫は海外で仕事をしていたため、子育てから学ぶことが多かった日々でした。仕事が忙しく乳がんの疑いが出たことがありますが、今のところ要観察だけで大きくはなっていません。仕事と生活はイコールであり、体や環境にも影響を与えるのだと考えさせられた数年間でした。

私は、これまでにたくさんの方の悩み相談を受けていますが、相手の目を気にしすぎて自分を見失っている方がほとんどです。まずは「自分がどうしたいか？」を考えてみましょう。私は毎年ドリームマップをつくり、「この1年間どうしたいか？」考え、描き、考動しています。昔は自己犠牲で仕事をしていました。その結果、「不健康と家族不破」を呼んだのです。自分を殺し「直感的感性が優れているのに論理的思考に努めよう」とした結果、ハラスメントを受け、楽しくない毎日を過ごしました。つまり、我慢しても何も良いことは生まれないのです。

やるか？　やらないか？　の覚悟を持つこと

「資格がないから、私は何もできない」という方がいらっしゃいます。資格に固執する必要はありません。医者や弁護士など国家資格を要する職種ならば資格は必要ですが、資格がいらない仕事は山ほどあります。実際に私も、起業コンサルタントの方に「社労士にならなければダメ。キャリアコンサルタントの資格を持った方がいい」など、あらゆる資格を勧められました。しかし、全く興味がありません。それは、上司Sが常に「お前は学歴も社歴もないただの女性。でも貴女の経験はお金では買えないもの」だと伝えてくれたからです。ここには書けないほどの経験をしてきました。そのときは辛く「なんで？」と自問自答を繰り返してきましたが、上司Sが言うように「この経験はお金では買えないもの」なので、私は今でも資格より「経験」を推奨しています。

障がい者支援をしたときも、あらゆることを学びました。私は障がい者が嫌いで、障がい者に携わる仕事をするとは思ってもいなかったのですが、今の私があるのはその障がい者からたくさんのことを学べたからです。今は多様性の時代。しかし、10年前はそうではありませんでした。どれだけみんなが苦しみ、もがいたか。リタイアしても、多くの障がい者が医師の協力の元、懸命にトレーニングし、社会復帰を果たしました。その姿から私は「人生いつでもやり直しができる」と学んだのです。

また、私はいつも天狗になったら鼻を折られることに遭遇します。「偉くなればなるほど謙虚になれ」というのは、上司Sの教え。偉そうにすると必ず失敗します。そしてまた学び、素直に反省する。人生はその繰り返しではないでしょうか?

この言葉を相談者に伝えると「私は馬場さんではないので無理です」と言われます。そうです! あなたは馬場ではない。「やるか? やらないか?」の選択だけです。選択は自分でするものであり、人に決めてもらうものではありません。「自分がどうしたいか?」です。

女性だけではなく男性の相談も度々受けていますが、時代と共に相談内容は変わってきています。今の時代、昔の私のように親にレールを敷いてもらって、そこに進んでいる方と、早くから自立して自分でレールを敷いている方がいます。私が常に言い続けていることは「正しいか? 正しくないか? そしてそれは相手のためになっているか? の軸で選択する」ということです。私はその軸を持つことと「毎日の感謝と反省」をすることで、自分の人生を謳歌することができるのだと思っています。

「〇〇大学卒」「元△△企業」などの肩書きがなく、自己犠牲を繰り返し行なってきた私だから、言えることがあります。「あなたはあなた」自分を大切にしなければ相手のためにはできません。肩書きや国家資格を保持していなくても、私は起業できました。私ができたのは私の力ではなく、周りの力です。だからこそ、私は世のため人のために仕事をしたいと思い、2022年3月3日「株式会社Ｔｗｉｎｋｌｅ」を設立しました。私と関わった方全てが「輝くように」という思いからです。

私は輝きたいと思っている方の応援団長でありたいと思っています。もちろんまだ形にできていません。これからです！　でも私にしかできないことや私しか経験していないことが多数あり、それを乗り越えて今があります。


生活する上でお金は大切ですが、私はお金よりどれだけ人を「輝かせられたか?・」を自分の楽しみにしています。それは幼少から「思いやり」を徹底して教育された基盤があるからでしょう。お客様のためにピンクレディーを踊ったり大嫌いなピアノ演奏をしたり、お酌をしたり。お客様の笑顔が自分の幸せになることを知った基盤です。

私はもうすぐ50歳を迎えます。体力はなくなるし、お酒を飲むと記憶がなくなるし、白髪が出て、老眼も出てきました。しかし、私は今の自分が大好きです。ナチュラルに自分らしく生きている私が何よりも好きです。

私は、国籍・性別・年齢・学歴・職歴は関係ないと思っています（ちなみに私の採用面接は一般的な面接ではないそうです）。「私なんか……」と思っているあなた、私でもできています。「やるか？　やらないか？」の覚悟を持つこと」だけで人生が変わります。悩んだ分だけ幸せはきます。悩める分だけとことん悩み、そして「自分はどうしたいか？」で考えて答えを出してください。

最後に、私が相談者に必ずお伝えする言葉をお伝えします。「誰と何をするか？」で人生は変わります。人はひとりでは生きていけません。誰と何をするのか、その選択は誰の責任でもなく「自分自身の責任」で行うことです。だからこそ、ご自身で自問自答してください。「私は誰と何をしたいのか？」と。これは、仕事だけでなくプライベートでも同じです。失敗しても選択したのは自分です。他責しても何も解決しません。自分の人生は自分で切り拓きましょう。大丈夫！　貴方はひとりではありません。貴方にも必ず私みたいな応援団長がいるから！

貴方の人生が輝くことを心から願っています。

あなたへのメッセージ

自分の道を諦めない
再就職を繰り返す私が学んだこと
働き方を常に問う「これでいいのか？」
やるか？　やらないか？
の覚悟を持つこと

馬場己喜さんへの
お問合わせはコチラ

チャンスがあれば躊躇せず飛び込む！出産と起業どちらも諦めずに突き進んだ創業ストーリー

株式会社アミーゴ 代表取締役
カフェ＆ワーキングスペース事業

若林亜美

1980年神奈川県出身。早稲田大学政治経済学部卒業。大手カフェで店長を経験後、秘書業務を経てフューチャーアーキテクト傘下株式会社ザクラ入社。居酒屋チェーンのＣＲＭシステムを運用。2012年株式会社えんがわ設立。取締役ＣＯＯとして飲食・小売チェーンのＣＲＭ・基幹システム等を開発。2019年３月株式会社アミーゴ設立。人々の毎日をもっと笑顔にするべくカフェ＆ワーキングスペース事業を展開中。二児の母で子育て真っ最中。

1日のスケジュール

- 6:00 起床・家事（洗濯物を畳む・掃除・食器をしまう・朝食準備）
- 8:00 娘を小学校に送り出す
- 8:30 息子を保育園に送る
- 9:00 仕事開始（店舗・オフィス・お客様先などその日によって）
- 17:00 仕事終了
- 17:30 娘を習い事に送迎（その間に夫が保育園にお迎え）
- 19:00 帰宅し夕食準備
- 20:00 娘の宿題チェック・息子と遊ぶ
- 21:00 お風呂・家事（洗濯・片付け）
- 22:30 就寝

一度きりの人生だから、やりたいことを

たったひとりの正社員を、ワーキングホリデーに送り出した理由。
２０１９年に設立したばかり会社で、従業員が何百人もいるわけではありません。そんな状態で、たったひとりの正社員の「ワーキングホリデーに行きたい」という背中を押した理由は、「一度しかない人生、巡ってくるチャンスを躊躇せずに掴んでほしい」と考えているからです。そして、その思いは私自身の生き方にも当てはまっています。

私が株式会社アミーゴを立ち上げたのは２０１９年のこと。その後、２０２１年11月30日にＷ ＣＯＦＦＥＥ（ダブリューコーヒー）の第一号店を東京都豊島区北大塚に出店し、念願のカフェ事業をスタートしました。店舗は２階建て。１階のカフェスペースではバリスタが淹れる本格的なカフェラテが味わえ、２階のワークスペースでは、ブースや個室で集中して仕事や勉強ができる環境となっています。毎日８時〜20時まで営業しており、私と正社員が１人、その他10人ほどのアルバイトで運営中です。

昔からカフェが好きで、学生時代はアルバイトもしていました。しかし、当時から「い

つかカフェを起業しよう！」と、考えていたわけではなく、人生で巡ってくるチャンスを積極的に掴んでいった結果、起業に至ったのです。

ここで少し、私のキャリアを振り返ってみます。先ほど言ったように、学生時代はカフェでアルバイトをしていました。当時は一人暮らしで時間も十分にあったことと、生活費を稼がないといけないため、シフトは多く入っていました。そうしているうちに、だんだんとカフェの店舗運営のノウハウがつかめてきたのです。大学卒業後は、大手カフェのチェーン店に就職。アルバイト経験が生きて、早々に店長を任せてもらうことができました。

大好きなカフェの仕事でしたので、一生懸命働きます。ところが、徐々に働く環境に問題が出てきたのです。当時、「名ばかり管理職」として名目的に管理職扱いをされ、長時間労働をせざるを得ず、適正な残業代や手当を受け取ることができませんでした。いくら好きな仕事でも続けることは難しいと考え、本部勤務にしてもらえないかと相談することに。チェーン店には各店舗を支援する本部機能があり、店舗の経営戦略立案や広報業務・メニュー開発などを担っているため、本部勤務になれば働き方も少し変えられるのではないかと思ったのです。しかし、本部への異動は叶わず、1年ほどで退職。アルバイトで3年間、社会人として1年間。合計4年間働いたカフェ業界から、1度離れることになったのです。

そこから転職活動を行いました。当時は就職氷河期と呼ばれていた時代で、正社員ではなかなか採用が決まらず、派遣社員として総務・秘書系の仕事に就職。いわゆるバックオフィス全般の実務経験を積むことができました。ところが、今度は社内の人間関係の問題に巻き込まれてしまい、泣く泣く退職。退職後は、気分転換も兼ねて実家に戻ったり、観光地の温泉でリゾートアルバイトに応募してベッドメーキングを経験したり、合間に温泉に入ってのんびりと過ごしたりしました。

こうしてキャリアについて整理する時間を持つことができ、改めて転職活動を開始。もともとパソコン作業が好きだったこともあり、職業訓練で「マイクロソフトオフィススペシャリスト」というＩＴ資格を取るコースを受講して転職活動に臨みました。派遣社員時代の総務・事務系の経験を生かして、今度は業界を絞らずにメーカーやＩＴ系など幅広く仕事を探すことにしたのです。

転職活動中のあるとき、大手ＩＴコンサルティング企業の子会社で、社員が10人くらいのベンチャー企業からスカウトメールが届きました。その企業は飲食店向けのＣＲＭシステムの開発をするために、飲食業経験を持つ事務職を募集しており、私のカフェ経験に興味を持ってくれたのです。このときは「意外な経歴が役に立つものだな」と驚き、スカウトを受けることに。そこから、ＩＴ企業で総務やカスタマーサポートとしてのキャリアが始まったのです。

転職したIT企業で3年ほど勤めたころ、親会社の意向で社長交代や会社の統合などがあり、経営体制が大きく変わりました。会社のメンバーも業務内容も大きく変わる中で、IT業界の仕事が楽しかったこともあり、メインプログラマーだった奥山さんを誘って会社を立ち上げることにしたのです。そのときの口説き文句は、「奥山さんは社長業とメインプログラマーをやってください。その他の業務はすべて私がやります！」

今思えばずいぶんと思い切ったなと感じますが、これまでの様々な経験と、奥山さんとの信頼関係がありましたので、きっと何とかなると考えていました。

そして、2012年に「株式会社えんがわ」を設立。飲食業や小売業のチェーン店向けのシステム開発をメイン業務とするIT企業です。チェーン店の本部で働く方々がお客さまになり、カフェなどの実店舗を裏側から支援する経験を積みました。

そうして数年仕事をしているうちに、今度は奥山さんに背中を押される形で、自分が社長として「株式会社アミーゴ」を立ち上げることに。起業にあたり、お役所に提出する書類などは特殊なものが多く、ゼロからえんがわを設立した経験が大いに役立ちました。

こうして振り返ってみても、色んな分岐点があったキャリアですが、その都度、楽しそうな方へ、興味を惹かれる方へと道を選択してきたことが共通しています。あなたも自分の直感を大切にして、「楽しそう！」と思う方に進んでいくといいですよ。

会社設立も出産も子育ても、どれもが大切

「一度きりの人生だから、チャンスは躊躇せず飛び込みたい！」そんな思いと関連して、もうひとつ大事にしている考えがあります。それは、「出産も子育ても仕事も、すべてを大切にする」ということです。私は女性起業家という顔と共に、二児の母という一面も持っています。ここまでお仕事のキャリアを駆け足でお話ししてきたため、ここで少し母親という立場からもお伝えしたいと思います。

ＩＴ企業である株式会社えんがわを設立したのが２０１２年なのですが、その翌年に第一子を出産。それから仕事と育児を両立し、第二子を２０１８年に出産しました。そして、その翌年、自分が社長となる株式会社アミーゴを設立。２回の会社立ち上げのタイミングと出産のタイミングが、どちらも前後しているのです。

特に、アミーゴ設立は第二子出産の翌年ということで、周囲からは「起業するのは、もう少し待った方がいいんじゃないか？」と、心配する声もありました。

しかし、私にとって会社の設立・経営も、出産・育児も、どちらも大切なものです。出産のタイミングはコントロールしきれるものではありませんし、もともと子どもは２人欲

しいと思っていました。「マイペースにやれば、子育てしながら起業だってできる！　どちらかを理由に、もうひとつの選択肢をあきらめたくない」と、思っていたのです。

こうして、女性起業家としてのキャリアと、母としてのキャリアがほぼ同時並行でスタート。えんがわはIT会社のため、場所に縛られずに仕事ができます。設立当初は固定のオフィスを持たなかったため、PCを持ちカフェをはしごしながら仕事をしていました。いわゆるノマドな働き方です。そういったオフィスを持たない働き方をする中で、「仕事がしやすいカフェがもっとたくさんあったらいいな」という気持ちが大きくなっていました。

快適に仕事をするためには、WiFi環境が整っていたり、電源が使用できたり、落ち着いて作業をするための充分なスペースがあったりと、求める条件がいくつかあるのですが、それを満たしている場所は少なく、探すのに苦労しました。世の中ではノマドな働き方をしている人は増えているイメージでしたが、固定オフィスを持たずに働いている人が仕事をしやすい場所は限られていることを、身をもって体験したのです。

子ども二人を育てながら、えんがわの業務と設立間もないアミーゴの経営に忙しくしていた2020年初頭、世界を新型コロナウイルスが襲います。当時は感染症の情報が少なく、社会としての向き合い方も手探り状態だったため、学校や保育施設がお休みになりました。夫婦がリモートワーク、子ども二人も常に同じ家にいる状況になったのです。

子育て中は、ただでさえ色々な作業を効率よく行わなければなりません。それに加えて、同じ家に2～3歳の子どもがいるとなれば、どうしても相手をする必要があります。こうした状況下で、「家事や育児のちょっとした空き時間や土日に、家の近くのカフェで集中して作業がしたい！」そんな気持ちが日に日に大きくなりました。

そういった思いや状況が重なり、「せっかくなら自分の事業でそういう場所を実現しよう」と、考えます。感染症流行後は特に、私のように子育てをしながらテレワークで仕事をしている人が増えています。同じ立場の人たちが、無理なく仕事も育児も両立できるように、ワーキングスペースを充実させたカフェを提供したい、と決意したのです。

仕事と育児を両立する時に常に考えていることは「時間をいかに有効に使うか」「いかにチームで支え合うか」という2点です。そして完璧主義者にならないで、時には70点でも良しとする寛容さが大事だと思います。仕事に充てられる時間は有限で、保育園に預けている時間だけ。帰宅後は子供との時間を大切にする、というポリシーで、仕事中はより一層段取り良く集中して業務を行なっています。仕事も、家事育児も、一人で抱え過ぎず周囲の助けをうまく得て、自分が潰れないようにすることはとても重要です。

仕事と子育ての両立はとても大変ですが、やりたいことを諦めない方法をしたたかに探っていきましょう。

慌てても事態は改善しない

東京都豊島区の大塚周辺でワーキングスペース併設のカフェを出店する物件を探し始めましたが、新しい挑戦にはトラブルが付きもの。カフェのオープンにあたっても、たくさんの問題が起こりました。

結果的に、カフェのオープンは２０２１年11月30日になりましたが、出店する不動産が決まったのはオープン４ヵ月前の７月のことでした。

開かれたスペースにしたいと思い、店舗がガラス張りで、路面からお店の中が見える構造のスケルトンな物件に決定。そこから短期間で、厨房の機材や食器、提供するメニューなど様々なことを決めていきます。美味しいコーヒーを提供するためには、エスプレッソマシンの選定が重要なため、えんがわの仕事でお付き合いがあるカフェチェーンの方に相談して、候補をいくつかピックアップしていただくなど、外部の力もお借りしました。

こうして怒涛のように色んなことを決めていったのですが、なんと途中で事前にいただいていた物件の図面と、実際に測った広さが異なることが判明！　すでにその時点で各種備品など手配が進んでいる状態です。今さらストップするわけにもいかず、「仕方がないからこのままいくしかない」と、覚悟を決めました。図面と実寸がズレていたことを周りの人達に話すと、「交渉して値下げしてもらった方がいい」とアドバイスをもらいました。どうやら、私の価値観は世間よりも緩やかだったようです。けれど、トラブルに対して過剰に慌てたところで改善することはありません。危機的な場面でも状況をしっかり受け止め、どんな手を打っていけばいいか冷静に考えました。

トラブルは他にもありました。例えば、コロナの影響で中国から資材が届かず施工が1週間遅れたり、半導体品薄の影響でエアコンの部品が届かなかったりもしました。物件の施工が遅れたことで、実際に店舗に入れたのはオープンの1週間前。現場でスタッフの研修を十分に行うことができませんでしたが、幸い、採用は順調に行っていたため、コーヒー豆の仕入れ先企業が所有しているトレーニングセンターをお借りして、ドリンクやフードメニューを提供するための研修を行ったり、えんがわの事務所に機材を持ち込んで練習したりするなどして、準備を進めました。

こうしてトラブルが重なり、とても慌ただしい中でオープンを迎えます。「オープンしたから安心!」というわけではなく、いざオープンしてからもトラブルは続出。毎日何かが起こると言っても過言ではありません。建物自体が新しいものではないため、オープン直後は水回りのトラブルが多く、雨漏りしたりトイレの配管が詰まって流れなかったりしたこともありました。あるときは、エアコンの室外機から水が大量に出て、階段から流れてきてしまう、なんてことも。2階のワーキングスペースでもあらゆることが起こり、あげればキリがないほど細かなトラブルが続出したのです。

ただ、色んなトラブルは起きますが、騒いでも仕方がありません。淡々と解決していくことが大切です。そのあたりは、出産や育児と通じるものがあります。予想外のトラブルは必須で、その時々は本当に苦労しますが、のど元過ぎれば熱さを忘れます。何事も気にしすぎない方がいいでしょう。

起業して会社を経営するとなれば、トラブルやうまくいかないことは数多く起こります。嫌になってしまうことや、「こんなはずじゃなかった」と思うようなことも必ずあります。よく言われることかもしれませんが、起業自体は簡単にできてしまい、その後、会社を続けることが難しいのです。トラブルやうまくいかないこと、予想外の困難に直面したときに、諦めずに試行錯誤して乗り越えていけるかが大切だと感じます。

えんがわは設立から10年経過しましたが、それでも未だに大きな事件が起こることもあります。トラブルを乗り越えて、会社を続けていくためには、力を入れるときは入れ、流れに身を任せるときは任せる。そういうバランスの取り方こそが秘訣かもしれないなと感じています。トラブルが発生したときこそ意識的に冷静に対処した方がいいですよ。

固定概念にとらわれず、自由にやろう

第一章で、「設立したばかりのアミーゴで社員をワーキングホリデーに送り出すことにした」とお伝えしました。その人は、入社当時からワーキングホリデーに行きたいという夢があったようですが、入社したばかりということもあって悩んでいたようです。もちろん、アミーゴは人員に大きく余裕がある会社ではありませんので、経営的に困らないと言えば嘘になります。ですが、私は「行ってくるべきだ！」と背中を押しました。ワーキングホリデーは年齢など条件があるため、人生において逃しちゃいけないタイミングがあります。周りの状況を考えて我慢してしまうのもよくわかりますが、そこでどうか1歩踏み出してほしい。その経験が、きっとその後の人生を変えることになるはずです。

この例に限らず、社会で当たり前とされている固定概念にとらわれ過ぎずに、もっと自由にやりたいことをやってもいいんじゃないかな、と思っています。何事もやらないよりやって失敗した方がいい。その方が人生は楽しいはずです。

固定概念から自由になって、それぞれのスタイルを尊重するというのは、カフェのスタッフへの接し方でも大事にしているスタンスです。もちろん基本的な仕事のやり方は教えるのですが、それぞれの良いところを生かしてもらうように心がけています。例えば、お客さんへの接し方やメンバー間の声のかけ方、作業の丁寧さ、人それぞれに良さがあるはずです。経験値や年齢、性別にとらわれてしまうと、色んな可能性がそこで閉じてしまいます。それはお店にとっても、当人にとっても、もったいないことです。

何事にも当てはまることですが、人間は経験のないことに対して、「できない」と思ってしまいがちです。だけど、やればできるかもしれません。その可能性は、いつだって開かれています。例えば、私はＩＴ会社を立ち上げましたが、設立の数ヵ月前には起業するなどと想像もしていませんでした。固定概念にとらわれ過ぎなければ、人生は選択肢と可能性にあふれているはずです。

こうした考えは、カフェスタッフに対しても思っていることです。ですから、アミーゴではどんどん新しいことをやってもらおうと考えています。そして野望的には、２店舗、3店舗と増やしていきたいです。そのために、ワークスペースのプランもカフェメニューも改善して、しっかりと利益を生み出すモデルをつくっていけるよう試行錯誤の毎日です。

現代は、従来と比べて多様な仕事観がある時代だと思っています。「しごと」を、ポジティブに捉える人、ネガティブに捉える人、それぞれいると思います。私は、「仕事って良いものだ」と素朴に考えています。これから年齢を重ねても続けたいですし、自分のできることを生かして人の役に立ったり、何かをつくり出したりしていきたい。それでお金ももらえて生活を豊かにできるので、仕事って、とても幸せなことです。

多くの人が仕事を楽しめる世の中になってほしいと考えています。言い換えれば、働きやすい社会ということなのかもしれません。私自身が、二児の母であり、起業家でもあることで、「女性の働きやすい社会とは何ですか?」という質問を受けることがあります。結局、働きやすさというのは、色んな方面からの理解で成り立つものなのかもしれません。えんがわやアミーゴでは、家庭よりも仕事を優先すべきという考え方を押し付ける人はいません。私の家庭でも、夫婦お互いにサポートしています。子どもの送り迎えや家の掃除はできる方がやって、二人とも忙しかったら多少家の中が散らかっていても文句は言いません。家庭での理解も会社での理解も、両方あって働きやすい社会になると思うのです。

これは、女性に限った話ではなく、男性にとっても若い世代にとっても介護をしている世代にとっても、互いに「それぞれの事情を抱えながら生きている」と許容し合える社会こそが働きやすい世の中なのではと思います。そして私もアミーゴを通じて、そういった社会をつくっていきたいです。仕事でも勉強でも自分のやりたいことを頑張る、家族や周囲の人も大切にする、そんな欲張りな生き方をどうしたら叶えられるか模索しながら、一度きりの人生を楽しんでいきましょう。

あなたへのメッセージ

人生は一度きりだから、
自分の直感を大切にして、
「楽しそう！」と思う方に
進んでみてください。

若林亜美さんへの
お問合わせはコチラ

日本語スクールを20年以上経営して気づいた理想の未来をつくる上で大切な2つのこと

Coto World株式会社 代表取締役
日本語スクール運営

渡部由紀子

大学卒業後、日本語教師養成講座を経て、バンコクで日本語教師として活動。帰国後、株式会社リクルートで働きながら日本で働く外国人向けに日本語を教えるというボランティアを行う。仲間と2000年に日本語スクールを開業。以来、留学以外の目的で来日した方向けに生活や仕事に役立つ日本語レッスンを豊富なオリジナル教材を用いて提供する。現在、飯田橋、麻布十番、横浜に教室を構え、オンラインでもスクールを展開。

1日のスケジュール

5:30 起床・朝食の準備
6:30~8:00 ふたりの娘を中学・高校へ送り出す
8:30 出社またはリモートで勤務開始
18:30 帰宅し夕食準備・家事
19:30 夕食・娘たちとコミュニケーション
21:00 残務処理や勉強・自分の時間
22:00 お風呂・読書
23:00 就寝

マンションの1室で日本語教室スタート

起業、ましてや社長になることに全く興味がなかった私が今の道に至った最初のきっかけは、当時参加していた日本語ボランティアグループ代表の言葉でした。「一緒に学校やりませんか？　みんな、お金を払って勉強できるところがなくって困っているみたい」と。バンコクで日本語教師として活動し帰国後、株式会社リクルートで営業の仕事をしていた私は「いつか日本語教師のキャリアに戻りたい」と考え、土曜日は日本で働く外国人向けに日本語を教えるボランティアをしていました。

よく学生たちから「お金を払うから平日にも日本語レッスンをしてほしい。日本に住んでいるけれど、実際は会社と家の往復で、日本語どころか日本人と会話する機会さえない。せっかく日本にいるのに日本語が上達しない」という話をよく聞いていました。欧米のように国が行う教育もなく、日本語学校はそのほとんどが留学生対象のもので、彼らのような日本で働く外国人のニーズに応えるプロのサービスは、ほぼ皆無だったのです。

「これから仕事や結婚を機に、日本に住む外国人は増えるだろう。縁あって日本に来た人が、社会との接点を持たずに大きな孤立感を抱えて暮らしているという現実は、よくないのではないか。国が対策をすべきだろう。なぜ自治体が取り組まないのか」と考えていたところへの起業の誘いでした。社会問題に対しての意識が「誰かがやればいいのに」から「自分たちができることをやっていこう」に変わる大きなきっかけになりました。

「ぜひやりましょう！」と返答して、すぐに不動産屋めぐりを開始し、2ヵ月後には2LDKマンションの1室でスクールを開業。2000年7月のことです。

「いいだばし日本語学院」という名前は「飯田橋」で「日本語を教えている」という実にシンプルな由来でしたが、マンションの1室にはそぐわない大きな名前だったため、来た方の中には、驚きをあらわにする方もいらっしゃいました。しかし、一度通い始めると、誰かの家を訪問するような親しみを感じてくれることが多く、また後に、インターネット時代がきて、このネーミングは良い方向に働きます。

想定外だったのは、ボランティアをしていたときに「日本語レッスンを受けたい」と言っていたアジア出身の方々の集客はほとんどできず、予想に反して欧米系の学習者ばかりになっていたことです。

理由は英語メディアの集客がうまくいき、そこからの紹介がどんどん広がった結果でした。当初は中国語や韓国語のメディアも使ったのですが、英語メディアの反応が良く、一番成果が上がったため、最終的には英語メディアのみの掲載に切り替えました。その後、私たちの学習者となった英語の先生などが同僚を紹介してくれたこともあり、学習者層は欧米の方の割合がどんどん増えていったのです。

学校を始めて6年が経過したころ、あるスタッフが帰国の決まった学生から手紙をもらいました。「ＩＬＳ（私たちのスクール名）に来る前、私は日本で暮らしているのに日本社会から孤立していると感じていました。ＩＬＳで日本語の勉強を始め、週1回ここに通うことで自分が日本と繋がっていると感じられるようになりました。日本語が話せるようになりました。今、私はたくさん日本人の友達ができてとても楽しいです」と。

「縁あって日本に来た方が、日本語を習得することでより豊かで自分らしく暮らせるようにサポートしたい。そんな彼らが安心して過ごせるコミュニティでありたい」そう思って立ち上げた事業が、一歩実現できたと感じる嬉しい瞬間でした。

その後も山あり谷ありを経て、事業は順調に少しずつレッスン数を伸ばし、10年後には同じマンション内の3室を賃貸で借りて、事業を回すまでになったのです。

ピンチは非常識に挑戦するチャンス

大きな変化があったのは２０１１年3月。それは前触れなく、突然起こりました。東北大震災です。日本中がそうであったように、私たちの事業にとっても存続を揺るがす大きな出来事となりました。

震災の翌日から、毎分のように学習者の方から「帰国するのでレッスンを辞めたい」というメール。３部屋あったレッスン教室を１部屋解約し、２週間ほど休んでレッスンを再開。しかし、教室は開店休業状態でした。

初めての危機に本当に動揺しました。なぜなら、ボランティア仲間と始めたこの事業は、みんなに喜んでもらいたいという思いから、利益がさほど出ない薄利な価格設定をしていたため、売上こそ右肩上がりに伸びていたものの手元にキャッシュがほとんどなかったからです。結果、２ヵ月ほどで自分の給与はもちろん、スタッフの給与さえ減額しないと支払えない状況に陥りました。

「これまで10年も事業をしてきて、いったい何をしてきたんだろう」生活をかけて自分についてきてくれたスタッフの減給が本当に悔しく、今までの経営を激しく後悔しました。

そのような一番苦しい時期を支えてくれたのは、スタッフや先生方、学習者のみなさんだったのです。みなさんのおかげで、半年ほどのパニック状態からなんとか脱し、とにかく経営を立て直すことを決意しました。

まず、当時の自分にとってはかなり大きな投資となるコンサルティングを受けることを決意。他にも脳科学の勉強を始めるなどして、少し復活の兆しが見えた約1年後の2012年4月に事業を法人化することができました。

法人化したとはいえ、そのとき銀行口座にほとんどお金がなく、学習者のみなさんから当月授業料の入金がないと自分の給与はもちろん、毎月の固定費も払えないような状況でした。

「3年で事業規模を3倍にして、スタッフに恩返しをする」と決め、ずっと心の中で目標を繰り返していました。どうやるか？　何をするか？　全く決まっていませんでしたが、とにかく「事業を3倍にする」ということだけを強く強く決意していました。

「何をどう変えようか」と考え、最初に決めたことは商品のラインナップを見直すこと。利益率を上げるためプライベートトレッスンが8割だった状況から、当時お客さまからも要望の多かったグループレッスン8割に逆転したい、と考えました。そのためにはどうしたらいいかひたすら考え、継続してグループレッスンに参加できるよう、一話完結のレッスンコンテンツをオリジナルで作成することにしたのです。

もともと市販の日本語教材には、面白いものはあまりありませんでした。「ないならつくる」という精神はいつしか当たり前になり、オリジナリティを高める結果にもなりました。このコンテンツは成功で、夜や週末のグループレッスンの稼働率が上がったのです。

また、毎日3時間日本語を勉強する「インテンシブコース」を作成。留学以外の目的で日本に長期在住する方々にとって、生活のための日本語コースをフルタイムで学習できることは魅力的だったようで、実際に苦労した経験がある生徒から「ぜひフルタイムのコースを開いてほしい！」という声もあり、やってみることにしたのです。何より、昼間に毎日グループレッスンが稼働するということは大きな利益が生まれます。

この業界から見れば、一見非常識ではあるけれど、東京に1校そんな学校があれば唯一無二の存在になれるのではないか、という予感もありました。スタッフには、「このコースが人気になったら、私たちのレッスンを受けるために海外から短期留学する人が出てくるよ！」なんて話もしていました。マンション1室で運営をしていた私たちにとって、ロに出すのも恥ずかしい大きな夢でしたが、今では当たり前のことになったのです。あのとき掲げた「3年後に事業規模を3倍にする」という決意は無事、達成されました。

●大きな目標を立てるからこそ非常識に挑戦できる！

事業を安定軌道に乗せるために した3つのこと

ビジネスの経験も起業知識もほとんどない中、事業を軌道に乗せるためには必要なことがいくつかあると思います。テクニカルな部分からマインドセットまで含めて、特に大切だと感じる3つのことをご紹介します。

1つ目は、自分の想像以上の仕事をしてくれるパートナーと組むこと。

ちょうど引っ越し前、プロのマーケターだったカナダ人の友人が、事業を伸ばすアドバイスをくれました。彼が繰り返し大切だと言っていたのは「デザインにお金をかけること」「一流企業になったつもりでパートナーを選ぶこと」「ユーザーの価値観を徹底的にフォローすること」でした。これは、一人前の起業家になるために、とても大事なことだったと思います。

言われた通り、融資はメガバンクから、ウェブ制作は紆余曲折を経て出会った一流の会社さんに依頼し、予算にこだわらず発注。結果、自分たちが想像する以上のブランドやデザインが実現できました。実際に、海外のエンジニアチームがつくった新しいウェブサイトからの問い合わせは半年で3倍以上になり、問い合わせから来られた方々からは「ウェブサイトを見れば、この学校が自分たちを理解しているとわかる」と言われたのです。最高のサービスを提供してくれる人や会社を見つけ、最高の仕事をしてもらうこと。プロの仕事には言い値で支払いをすること。これらは、立ち上げたばかりの会社を成長させるため、すごく大切なことだと感じます。

2つ目は、マーケットをあえて広げずにニッチでトップシェアを目指したこと。欧米出身もしくは英語でコミュニケーションができる層、ビジネスマンやその家族、ＢｔｏＣ、所得層は・・というように弊社の貢献したいお客様層を明確化しました。私たちのような小さな会社にとって、ニッチなマーケットでトップシェアをとることは数字をぶらさない最大の安定化戦略になります。

圧倒的な顧客視点を持つ外国人マーケティングマネージャーを採用し、このニッチなマーケットでトップシェアをとるため口コミやコンテンツマーケティングなど全ての戦略を一緒に立てました。その中で「より大きなマーケットを持つアジア系や中国語圏へのアプローチをすべきではないか？ ＢｔｏＣだけでなく、ＢｔｏＢにも力を入れた方がよいのではないか？」など、様々な議論がありました。しかし、現在のマーケットで圧倒的なシェアをとるまでは、とにかくお客様層を広げないことを決めてここまで来た結果、現在弊社の英語ウェブサイトには月間20万人以上のユーザーが、日本語学習コンテンツを求めて世界中からアクセスしてくれています。

3つ目は、退路を断ち、諦めない決意を繰り返しすること。

銀行の借り入れをして賃貸契約をしたことは、後戻りのできない決断でした。そして、それを支えたのは、事業を傾けた悔しさとサポートしてくれたスタッフや学習者のみなさんへの恩返しを必ずする、という決意です。

新しい挑戦にはいろんな苦労が伴います。気持ちが弱くなりそうなときはその悔しさや感謝を思い出し、その度に「必ず最後までやり切ろう」と誓い直しました。人によって「こんな世界をつくりたい」や「こんな人たちを助けたい」など、想いは様々でしょう。でも基本的に決意は一度したら終わり、でなく気持ちが弱くなるたびに誓い直すことでどんどん強固になっていきます。

●ビジネス経験や起業知識がなくても安定事業はつくれる！

未来は自分がつくるもの

私がこれまでの経験から得た、大きな気づきを2つご紹介します。

1つ目は、どんな困難があっても、常に一歩先、欲しい未来をイメージしながら進むこと、それによって初めて物事は欲しい方向につくられていく、ということです。目の前のことにつまずいたり大きな問題に直面したりしたとき、「どうしてそれが起こったのか、誰の責任か」という思考よりも「その状態をどのようにしていきたいのか」をイメージするのです。そうすることで、意識が今とその状態のギャップを埋めることに集中できます。未来は自分でつくるもの、そしてすべてはイメージすることから始まります。

また、事業で起こる課題はすべて仕組みで解決すべきで、責任を個人に帰すものではありません。目指すイメージに向けて、どのような仕組みが必要かを常に考えます。

そして2つ目。起業からの安定経営に大事なのは、最大のリソースとしての自らを活かすことです。

例えば、女性であること。私自身は女性性と男性性は明らかに違う能力があると感じます。男性性のまっすぐに伸びていこうとするエネルギーや力強さに対して、女性は感性で幅広く常に全体を見渡し、きめ細やかに最適化を行っていくことが得意です。年商や成長スピードだけで見ると統計的には男性性優位が明らかですが、一方で女性性を生かした堅実な経営や成長戦略があるのではないかと思います。

私自身に強いリーダーシップはありませんが、だからこそ優秀なたくさんの人の協力を得ることができました。教材もメソッドもないマーケットでしたが、だからこそ自分たちで一からつくり出し、挑戦を当たり前とする環境をつくることができました。

そして売上・利益に対する意識やこだわりが足りないものの、学習者のみなさんにとって心地良いコミュニティをつくりたいという想いは、強い顧客ファン層をつくり、安定した成長を生み出しました。いずれも私自身が弱みだと思っていたことの裏側にある力だったのです。

私は、実は大の才能オタクで、人と話しているときでもずっと「この人の才能は何か？

どのように表れているか?」ということを観察しています。そして気がついたことが、ほとんどの人が本来持って生まれた素の才能をどちらかというと否定的に、弱みとして見ている、ということです。

私も同じで、大雑把でルーズ、と思っていた自分の弱みは、おおらかで受容的だという強みの裏側でした。また、若いころに抱えていた「自分は異質で誰にも理解されない」といった感情は、独自の発想力や行動力の強さの現れだったのです。

経営の「いろは」も、もちろん大事ですが、自分自身の時間と才能がまず一番のリソースです。起業・独立を目指すのであれば、まずは自分自身というリソースをよく理解し、ときにコンプレックスと感じるような弱みこそ自分の最大の強みと受け入れることで、たくさんのブレークスルーが生まれるのではないかと思います。

これを読んだ方が、「私にもできそう!」と、ご自分の欲しい未来に向かって一歩踏み出すきっかけになることを心から祈っています。

あなたへのメッセージ

自分自身というリソースをよく理解し、
ときにコンプレックスと
感じるような弱みこそ
自分の最大の強みと受け入れることで、
たくさんのブレークスルーが生まれる。

渡部由紀子さんへの
お問合わせはコチラ

「あなた」はどのように生きたいですか？　―おわりに―

最後までお読みくださり、ありがとうございました。

18人の女性起業家のストーリーを見ていただいたように、自分らしく生きるための一歩目は、「決断」することです。

すべてはそこから始まります。決断できれば、「行動」ができます。

とはいえ、行動していくと、たくさん壁が立ちはだかることでしょう。

でも、この世の中には諦めない限り失敗はありません。どんなことが起きたとしても、それは成功へと繋がる道なのです。

何も恐れることはありません。周りの目を気にしなくてもいいですし、我慢する必要もありません。あなたにも「なりたい自分になる権利」があります。本書に登場した18人の女性起業家たちのように、あなた自身が「こんなことやりたい」「こんな人生を送りたい」と思っていることは、必ず実現します。

あなたの直感を信じて、決断して行動してみてください。最初は小さな行動で大丈夫です。

例えば、本書で気になった女性に連絡をしてみることも立派な行動です。そういう小さな行動の積み重ねが人生を変えていきます。

本書に登場する18人の女性起業家は今この瞬間も次の夢に向かって挑戦し続けています。当然、壁もたくさん立ちはだかっていることでしょう。でも、彼女たちは今まで通り諦めません。自分を信じて突き進んでいます。

だから、あなたは一人ではありません。

あなたにも必ず「今が一番幸せです」と言える日が訪れます。

私たちも、そんなあなたと出会える日を楽しみにしています。

今、「あなた」はどのように生きたいですか？

Rashisa（ラシサ）出版編集部

自分らしく生きるための「わたし」の決断

2023 年 5 月 23 日　初版第 1 刷発行

著者：Rashisa 出版（編）
赤塚美幸／飯田さおり／稲葉みゆき／岡田敦子／金子菊子／北村晴夏／木村かおり／
後藤美知子／齋藤祐子／佐藤智子／識名由美／鈴木夏香／西久保志帆／橋田佳澄／
橋本愛子／馬場己喜／若林亜美／渡部由紀子

発行者：Greenman
編集・ライター：松村さやか
ブックデザイン：二ノ宮匡

発行所：Rashisa 出版（Team Power Creators 株式会社内）
〒 558-0013 大阪府大阪市住吉区我孫子東 2-10-9-4F
TEL：03-5464-3516

発　売：株式会社メディアパル（共同出版者・流通責任者）
〒 162-8710 東京都新宿区東五軒町 6-24
TEL：03-5261-1171

印刷・製本所：株式会社堀内印刷所

ISBN コード :978-4-8021-3399-9
C コード :C0034